하느님의 나라와 부처님의 나라

김 진 지음

이 책을 (株)서진 S&P 徐光錫 사장님께 바칩니다.

하느님의 나라와 부처님의 나라

Jin Kim: Reich Gottes und Reich Buddhas

김진 지음

UUP

하느님의 나라와 부처님의 나라

2009년 3월 2일 초판 인쇄
2009년 3월 6일 초판 발행

지은이 | 김 진
펴낸이 | 김도연
펴낸곳 | UUP(울산대학교출판부)

출판등록 | 제370-1996-000001호(1996.3.13)
주소 | 680-749 울산광역시 남구 대학로 102
전화 | (052) 259-2488
팩스 | (052) 277-3011
홈페이지 | http://uup.ulsan.ac.kr
e-mai | press@mail.ulsan.ac.kr
값 4,500원

ISBN 978-89-7868-168-1

서문

이 책은 한국칸트철학회가 개최하였던 동계정기학술대회 심포지엄 "칸트철학과 불교철학의 소통"(2008년 12월 13일, 동국대학교 90주년 기념 문화관 제3세미나실)에서 발표한 원고를 토대로 한 것이다. 이 심포지엄에는 필자 이외에도 한자경(이화여대), 정승석(동국대), 배의용(동국대), 박인성(동국대), 신규탁(연세대) 교수가 발표자로 참여하였으며, 그밖에도 수많은 철학자, 불교학자들이 토론에 참여하였다. 특히 신규탁 교수는 필자의 칸트와 불교의 비교 연구에 대한 내용으로 주제 발표를 하여, 필자와 심도 있는 의견을 나누기도 하였다.

필자는 1988년 독일 루어대학(보쿰)에 제출한 박사학위 청구논문에서 칸트와 불교의 문제를 다루었으며, 거기에서 칸트의 요청이론 및 요청적 사유방법론을 불교 해석에 수용하는 시도를 담았다. 그 후에 국내에서 필자는 이 문제를 『새로운 불교해석』(철학과현실사 1996)이라는 소책자로 소개하였으며, 이를 바탕으로 『칸트와 불교』(철학과현실사 2004)를 펴냈다. 그 동안에 필자의 칸트 해석을 둘러싼 한국 불교학계와의 논쟁이 가열되었으며, 필자는 이를 정리하여 『무아윤회논쟁』(울산대학교출판부 2004)이라는 책으로 발표한 바 있다.

『칸트와 불교』를 펴내면서 필자는 칸트와 불교에서의 '나라'와 '세계질서'의 개념을 정리하고자 하였으나, 여러 가지 형편으로 지연되어 뜻을 이루지 못하였다. 그리고는 칸트와 불교의 비교연구에 더 이상 관심을 기울이지 못하다가, 지난해에 한국칸트학회 최인숙 회장의 부탁으로 논문발표를 수락하게 되었다. 필자가 "칸트와 불교: 하느님의 나라와 부처님의 나라"라는 주제를 선택한 것은 너무나 당연한 일이다. 따라서 이 책은 졸저 『칸트와 불교』의 한 구성요소인 동시에 그것에 대한 보충본의 성격을 띠고 있다.

칸트에서 '하느님의 나라'는 기독교의 '천국' 개념과는 완연하게 다른 의미로 기술되고 있으며, 도덕적 수행을 의미 있게 할 수 있는 실천이성의 요청으로써, 우리가 도덕적 행위를 하는 경우에 그에 부합되는 행복을 보증해 줄 수 있는 전지전능하고 전선(全善)하신 하느님의 존재와 그가 다스리시는 나라에 대한 논의를 내용으로 하고 있다. 칸트는 우리가 이 땅 위에서 하느님의 나라를 건설하고 그것을 무한하게 확장하려고 노력함으로써 천국과의 일치를 시도할 수 있다고 보았다. 그럼에도 불구하고 이와 같은 인간의 노력만으로 그것은 실현 불가능하며, 따라서 온전하신 하느님의 은총판단으로 우리를 정당화해 주시는 한에서만, 우리는 하느님의 나라 개념을 비로소 성취할 수 있게 된다.

그와 반대로 불교에서 니르바나 또는 부처님의 나라는 인간의 자력적인 노력만으로도 성취될 수 있는 것으로 기술된다.

그러나 붓다의 나라 개념 역시 그의 무아설적 무기(無記) 사상의 영향권 아래에서는 부정적으로 서술될 수밖에 없었으며, 따라서 니르바나(열반) 또는 니르바나적 세계질서, 그리고 그 나라에 참여하는 부처의 존재방식 등에 대한 적극적인 기술이 유보될 수밖에 없었다. 그러나 붓다는 열반의 존재 사실을 무기의 방식에서는 부정적으로 기술한 반면에 방편의 방식에서는 적극적으로 기술하였다. 방편 중에서도 수기의 형식에서는 니르바나와 열반 존재에 대한 기술이 실재론적 성격을 띠게 되지만, 서원의 형식에서는 요청적인 특징을 드러내고 있다. 그리고 특히 소승에서 대승으로 이행하면서 무기적인 관점에 혁명적인 변화가 일어났으며, 이로부터 열반, 니르바나, 부처님의 나라는 불교형이상학적 성격을 띠게 된다. 필자는 이러한 대조적인 불교 이해를 바탕으로 부처님의 나라에 대한 기술을 요청적 사유방법론으로 해석하였으며, 이를 통하여 칸트와 불교의 비교철학적 이해 지평을 확대할 수 있었다.

이 책은 지금까지 전혀 시도되지 않았던 새로운 사유실험으로써 칸트연구가들이나 불교학자들, 그리고 종교계 종사자들에게 학문적으로 유용한 사유지평을 제시할 것이며, 학생들과 일반 독자들에게도 많은 흥미와 관심을 유발할 수 있으리라고 믿어마지 않는다.

2009년 2월 3일

무거동 연구실에서 김 진

차례

서문 • 5

1. '나라': 칸트와 불교에서 최고선의 문제 • 11

2. '하느님의 나라': 칸트에서 최고선과 요청의 문제 • 17
   1) 최고선과 요청으로서의 '하느님의 나라' • 17
   2) 역사적 계시신앙과 최고선 수행 사이에서 제기되는 이율배반 • 21
   3) 윤리적 공동체로서의 '하느님의 나라' • 27

3. '부처님의 나라': 불교에서 '수기'와 '서원'의 문제 • 33
   1) 해탈과 열반으로서의 '부처님의 나라' • 33
   2) 무기와 수기 사이에서 제기되는 이율배반 • 52
   3) 열반공동체로서의 '부처님의 나라' • 67

4. 칸트와 불교에서 '나라'의 의미 • 91

참고문헌 • 97

찾아보기 • 103

1. '나라': 칸트와 불교에서 최고선의 문제

우리의 논의 주제는 칸트와 불교에서 궁극적으로 추구하는 것, 즉 최고선으로서의 '하느님의 나라'와 '부처님의 나라'를 철학적으로 기술하는 것이다. 여기에서 '나라'는 '국가', '국토', '세계질서' 등, 특정한 법칙 또는 권위가 통일적으로 지배하는 세계 영역을 뜻한다.

칸트에서 '하느님의 나라'는 실천이성의 필연적 요구에 의한 신 존재 요청을 통하여 비로소 정립될 수 있다. 칸트에서 신 존재는 물자체(Ding-an-sich)의 개념과 함께 이론적으로 증명될 수 없고 반박할 수도 없는 이성의 대상 개념, 즉 이념(Idee)이다. 물자체의 개념이 현상의 필연적 근거로서 요구되는 것처럼, 신 존재 역시 최고선의 실현 근거로서 요청되고 있다. 칸트에서 최고선 개념은 여러 가지의 의미를 담고 있지만, 가장 일반적으로는 도덕적으로 살아가려고 노력하는 사람들에게 그에 부합되는 행복을 부여할 수 있는 세계질서의 존재 요청과 관련되어 있다. 이 경우에 각각의 행위 주체는 도덕적으로 완전한 경지에 도달하기 위하여 노력하는 것이 필요하다

(심정의 윤리학). 그러나 칸트는 우리들 인간의 자체적인 노력만으로는 결코 도덕적 완전성인 신성성(Heiligkeit)에 도달할 수 없다고 생각하였다. 이는 기독교에서의 원죄설과 맥락을 같이 하는 '근본악' 개념 때문이다. 따라서 근본악의 존재에도 불구하고 인간이 선한 행위를 할 수 있으며, 어느 단계까지 가능한가의 문제가 제기된다. 이와 함께 개인적인 선행만으로 하느님의 나라가 성취될 수 있는가의 문제 역시 제기될 수 있다. 이것은 칸트에서 개인적 차원에서의 도덕적 수행과 집단적(사회적) 차원에서의 도덕적 수행이 하느님의 나라와 어떤 연관성을 가지는가의 문제로 귀결되고 있다. 이러한 문제 지평속에서 우리는 칸트에서 선한 심성과 근본악(根本惡), 거듭남(重生)과 은총의 문제로부터 출발하여 도덕적 완전성(신싱성)을 향한 무한한 접근(지상에서 불가시적 교회의 확장) 및 하느님의 은총판단을 거론할 수 있게 된다.

불교에서 '부처님의 나라'는 붓다의 출현을 확정적으로 언표하는 수기(授記)와 모든 중생들의 궁극적인 구제를 바라는 서원(誓願)의 발화 사실을 통하여 비로소 정립될 수 있다. 불교에서 진아, 타타가타의 존재는 이론적으로 긍정할 수도 부정할 수도 없는 명제, 즉 무기(無記)[1]를 특징으로 한다. 무기

---

1) 붓다의 철학적 태도를 가장 여실하게 보여주었던 무기(avyākṛta, avyākata 無記)가 『가산불교대사림』 6권에서 1쪽 정도의 분량으로 중요하게 다루어지지 않은 것은 너무나 뜻밖이다. 그러나 무기와 관련된 어휘는 18종이 소개되어 있다. 이와 반대로 방편(方便)은 『가산불교대사림』 7권에서 4쪽의 분량으로 비중있게 다루어지고 있으며, 관련된 어휘도 95종에 달한다. 붓다의 무기는 만동자(蔓童子 Māluṅkyaputta)가 던진 "世有常. 世

란 모든 형이상학적 명제에 대하여 입장을 세우지 않고 침묵하는 것이다. 따라서 믿음을 추구하는 존재나 믿음의 대상이 되는 존재는 말할 것도 없고, 이 세상의 모든 존재들과 세상 자체의 존재에 대해서 그 어떤 적극적인 기술도 하지 않아야 하는 것이다. 그러나 무기가 붓다의 일관된 태도는 아니었다.

불교적 수행 이론이 의미 있게 논의될 수 있으려면 수행 주체의 존재가 전제되어야 하고, 수행의 궁극 목표인 견성성불(見性成佛)의 경지에 도달한 진아와 불타의 존재까지도 요구되지 않으면 안 된다. 불교에서 수행의 주체, 방법, 목표에 대하여 의미 있는 논의를 전개하기 위해서는 최소한 인격적 동일성을 담보할 수 있는 수행 주체의 존재가 전제되어야 한다. 실제로 수많은 불교 경전들에서는 무기에 의하여 판단중지 되었던 형이상학적 명제들이 방편(方便)[2]이라는 방식을 통하여

無有常. 世有低. 世無底. 命卽是身. 爲命異身異. 如來終. 如來不終. 如來終不終. 如來亦非從亦非不終耶."(『중아함경』 권60 「전유경」, 大正藏 1, 804上) 등, 14개의 질문(十四無記)에 대하여 붓다가 침묵한 것을 말한다. 붓다는 이러한 물음들이 열반과 깨달음에 아무런 도움이 되지 않는 희론(戱論)에 불과하다는 생각에서, 그리고 단斷과 상常(『잡아함경』 권12), 일一과 이異(『잡아함경』 권12), 자작自作과 타작他作(『잡아함경』 권13)의 두 극단을 초월하기 위해서 무기적 태도를 취하였다고 한다. 고익진, 『불교의 체계적 이해』, 새터 1994, 50쪽 이하 참조. 무기의 철학적 해석, 특히 칸트주의적 해석에 대해서는 졸저 『칸트와 불교』 제2부 4장을 참조할 수 있다.

2) 방편(方便)은 방편시설(方便施設)의 준말로서, '접근하다'(upāya)는 말과 '알아내게 한다'(prajnapti)는 말이 합성된 것이다. "중생들의 '깨닫는 능력(機)'을 점진적으로 성숙시켜 가서 마침내 최상의 깨달음을 얻게 한다는 방법이다"(고익진, 『불교의 체계적 이해』, 새터 1994, 19쪽). 『가산불교대사림』 7권에서는 "근본적인 깨달음으로 이끌어가기 위해 설정한 뛰어난

실질적인 존재 명제로 기술되고 있다. 불교에서의 최고선 개념은 근본적으로는 성불(成佛)하는 것이고, 자신뿐만 아니라 모든 중생들도 함께 성불할 수 있도록 자비를 실천하는 것이다. 이와 같은 불교에서의 실천적인 요구들은 수기(授記)와 서원(誓願)의 형식으로 나타난다.

수기와 서원이 방편의 일부인지 아니면 방편과는 다른 상위의 차원인지에 대한 분별은 또 다른 논의를 요구한다. 우선 불교에서 논의되는 모든 언설은 방편에 해당된다고 보아야 한다. 그런데 수기는 무기와 대비되는 개념이 분명하다. 무기는 아무런 주장을 하지 않는 것이고 수기는 특별한 진술을 하는 것이기 때문이다. 우리는 붓다가 무기 이외에도 수기라는 형태의 진술을 하고 있다는 사실을 중시해야 한다. 다른 한편으로 서원은 수기처럼 확정적인 진술이 아니고, 수기의 가능성 조건으로 제시되는 명제이다. 이 점에서 서원은 칸트의 요청명제와 같은 성격을 가진다. 사실상 붓다가 말하는 세상이 의미 있게 진술되기 위해서 반드시 선행적으로 요구되어야 하는 사실은 바로 이 서원이다. 우리는 이 부분을 의미 있게 생각해 보아야 할 것이다.

칸트에서와는 달리 불교에서는 각각의 행위 주체가 스스로

방법"(604쪽)이라고 정의하였다. 그러나 방편은 무기와 모순대립적인 관계에 있다. 방편으로 말할 수 있는 것들에 대하여 왜 붓다는 무기적 태도를 취하였는가? 그것을 언급하면 희론에 빠져서 깨달음에 방해된다는 것이 무기라면, 동시에 그것을 언급함으로써 근본적인 깨달음을 얻을 수 있다고 말한 것이 방편이다. 무기와 방편의 관계는 무아설과 윤회설 사이에서 제기되는 아포리아처럼 모순관계를 연출하고 있다.

의 노력으로 신성성의 경지에 도달할 수 있으며, 성불한 후에도 다른 사람들이 신성성의 경지에 도달할 수 있도록 조력할 수 있다. 모든 인간에게는 여래장(如來藏), 즉 부처가 될 수 있는 불성(佛性)이 구비되어 있다. 그것은 선근(善根)으로써 칸트에서의 선의지(善意志)와 같은 것이다. 그러나 중생들에게 비록 불성이 있다하더라도, 그것은 사실상 칸트에서의 '근본악' 개념과도 유사한 무명(無明)과 악업(惡業)에 의하여 가리어져 있다. 따라서 무명의 상태에 있는 인간이 어떻게 깨달음을 향한 수행을 할 수 있으며, 어느 단계까지 가능한가의 문제가 제기된다. 이러한 문제는 무아설과 윤회설에서 필연적으로 제기되는 모순관계의 해소를 선행적으로 요구하고 있다. 불교에서의 실천적 변증론은 개인의 성불뿐만 아니라 모든 중생들의 해탈을 최고선으로 기술하고 있다. 이로부터 개인적 해탈의 가능성 조건과 집단적(사회적) 차원에서의 깨달음으로 성취된 불국토의 실현 가능성에 대한 조건이 화두로 제시된다. 이러한 문제 지평 속에서 우리는 불성과 무명, 무기와 방편(수기, 서원) 사이에서 필연적으로 제기되는 아포리아들을 해소할 수 있는 조건에 대한 물음으로부터 시작하여 불교적 최고선인 부처님 나라의 무한한 확장을 위한 가능성 조건까지도 거론할 수 있게 된다.

본 논의에서는 칸트에서 최고선 또는 요청 개념으로 정립되고 있는 '하느님의 나라'가 성립될 수 있는 가능성 조건을 살펴본 연후에, 불교에서 적극적으로 기술되고 있는 '부처님의 나라'와 관련된 철학적 문제를 진단하고 이를 칸트적으로 재

구성하여 의미 있게 해석할 수 있는 길을 모색해 보기로 할 것이다. 이와 같은 논의는 지금까지 전혀 시도되지 않은 것으로써 칸트와 불교, 서구사상과 아시아사상의 간극을 해소하여 상호 소통하는데 크게 기여할 수 있을 것이다.

2. '하느님의 나라': 칸트에서 최고선과 요청의 문제

1) 최고선과 요청으로서의 '하느님의 나라'

칸트에서 '하느님의 나라'는 최고선의 개념인 동시에 요청의 개념이었다. 『순수이성비판』에서 하느님의 나라는 우선 '도덕적 세계', 즉 '근원적인 최고선'으로서 신의 존재에 근거하고 있는 '파생적 최고선'으로 기술되었으며, 『실천이성비판』에서 하느님의 존재와 그의 나라와 권능 작용들은 요청이론에 의하여 새롭게 기술되었다.[1] 그리고 『이성의 한계 안에서의

---

1) 『순수이성비판』에서 칸트는 최고선을 도덕적 세계로서의 '미래세계'로 규정하였다. 여기에서 칸트의 최고선 개념은 신에 의하여 창조된 '이 세계'로부터 신에 의하여 예비되고 있는 가능세계로서의 '예지적 세계' 개념으로 변형되고 있다. '이 세계'와 대칭을 이루는 '예지적 세계'는 현세가 아닌 사후의 미래세계를 의미한다. 따라서 '세계' 개념 자체는 그대로 유지된다고 볼 수 있다. 칸트는 이 미래세계의 개념을 "그 자체적으로 보상하는 도덕성의 체계" 또는 "도덕성과 그에 부합되는 행복이 비례적으로 결합된 체계"라고 이해하였으며, 그 중심은 바로 신 존재이다(Kant, I.: *Kritik der reinen Vernunft*. Riga A:1781; B:1787. A808-811 B836-839). 그러나 칸트의 최고선 개념은 『실천이성비판』에서 "도덕성과 행복의 완전한 비례

종교』[2])에서 그것은 다시 '윤리적 공동체'로서의 '지상에서의 하느님의 나라'(Reich Gottes auf Erden), '불가시적 교회' 등의 개념으로 변형되고 있다. 그리하여 칸트는 도덕법과 최고선의 실현을 위한 조건 명제로서 요구된 "거룩하고 전능한 상위의 도덕적 존재", 즉 초월적인 입법자의 이념과 의지 속에서만 세계창조 및 인간의 궁극목적이 의미 있게 기술될 수 있다고 보았다(*Rel,* BA VII). 하느님의 존재와 그 파생적 명제들은 자유의 요청과 도덕적 신성을 향한 무한한 접근에 필수적인 영혼불멸성 요청의 한계를 보완하는 기능을 하고 있다.[3]) 하느님의 백성들에 대한 소명, 대속, 선택 이론에서 가장 근본적인 것은 바로 '하느님의 은총 판단'(Urteilsspruch aus Gnaden)이다. 그러나 도덕법 앞에서의 순수한 의무감 이외의 어떤 외부적 개입도 배제하였던 칸트의 도덕이론과 하느님의 은총판단은 현상적으로 모순되는 것처럼 보인다. 따라서 칸트에서 하느님의 존재와 그로부터 파생되는 하느님의 나라와 은총판단이 어떤 방식으로 작동되는가를 정밀하게 살펴볼 필요가 있다.

적 결합"으로 규정되는 동시에 그것을 가능하게 하는 '세계' 개념은 신 존재의 요청에 속하는 하나의 파생적인 최고선 개념으로 이해되었다(Kant, I.: *Kritik der praktischen Vernunft*. Riga 1788, 239f).

2) Kant, I.: *Die Religion innerhalb der Grenzen der bloßen Vernunft* (1793). Berlin 1907. Abk.: *Rel*.

3) "하느님의 요청"(Postulat des Gottes)은 "영혼불멸성 요청"(Postulat der Unsterblichkeit der Seele) 또는 "부단한 접근 요청"(Postulat des unendlichen Progressus)을 보완하기 위하여 "하느님의 은총판단 요청"(Postulat des Urteilsspruchs aus Gnaden)과 "지상에서의 하느님 나라 요청"(Postulat des Reichs Gottes auf Erden)으로 변형된다. Jin Kim, *Kants Postulatenlehre*, Frankfurt 1988, S. 93ff, 106ff.

인간은 순수한 도덕적 심성과 필연적으로 결합된 최고선의 이념을 가지고 있으며, 윤리적 공동체의 실현을 위한 무한한 노력을 의무로 인식하고 있다. 이와 같은 윤리적 공동체의 존립을 위해서는 우선 눈에 보이지 않는 심성까지도 통찰할 수 있는 최고 입법자, 즉 모든 사람의 내면의 심정들을 판단하여 아직 부족한 상태에 있지만 의롭다고 여겨줄 수 있는 '마음의 통찰자'(Herzenskündiger)인 도덕적 세계 통치자로서의 신(Gott als ein moralischer Weltherrscher)의 존재가 요구된다(*Rel*, A131 B139). 이를 통하여 우리는 최고선의 실현 노력을 지원해 줄 수 있는 '도덕적인 세계지배자의 이념'의 협력(Mitwirkung)이나 실행(Veranstaltung)에 대한 믿음을 갖게 되는 것이다. 그런데 칸트는 도덕적인 세계지배자로서의 신의 존재에 대한 신앙은 우리의 실천이성에 주어진 과제이고 인류에 대한 신의 도덕적 관계를 표현하고 있다고 믿었다(*Rel*, A199 B211). 그에 의하면 이같은 도덕적 최고권력자에 대한 신앙은 공식적으로 기독교의 신앙교의에 의하여 가장 먼저 세상에 알려졌다.

참된 보편적 종교신앙이 추구하는 신에 대한 첫 번째의 신앙 내용은 '전능한 천지 창조자로서의 하느님'(Gott als den allmächtigen Schöpfer Himmels und Erden)이자 도덕적으로 '신성한 입법자'(heiligen Gesetzgeber)에 대한 신앙이다. 최고의 입법자는 인간의 나약성에 대하여 자비롭고 관대한 존재라고 생각되거나 또는 마음대로 권리를 행사하는 전제적인 존재라고 간주되어서는 안 되며, 또한 동시에 그것은 철저하게 자의적이고, 우리의 윤리적 개념과 아무 관계도 없는 것으로 생각되어서도 안 된다. 최고입법자의 법칙은 오직 인간의 거룩함과 관련된 것으로 표상되어야 한다. 종교신앙의 두 번째 신앙내용은 '인류의 보호자이자 선한 통치자이며 도덕적인 조력자'(Erhalter des menschlichen Geschlechts, als gütigen Regierer und moralischen Versorger desselben)로서의 신에 대한 신앙이다. 신의 자비는 그의 피조물에 대한 무조건적 호의가 아니라, 하느님의 마음에 들게 되는 도덕적 성질을 보여주는 동시에 인간의 무능함에 의하여 스스로 충족시킬 수 없는 요소들을 보완해 주는 것이다. 종교신앙의 세 번째 신앙내용은 '그 자신의 신성한 법칙의 관리자이자 공정한 재판관'(Verwalter seiner eigenen heiligen Gesetze, d.i. als gerechten Richter)으로서의 신에 대한 신앙이다(*Rel*, A199 B211). 신의 정의는 무조건적인 자비와 용서의 형태로 나타나는 것도 아니고, 입법자의 거룩함에서 실현되는 것도 아니다. 그것은 오직 거룩한 법칙의 요구와 일치되는 조건하에서만 인간에게 주어진다.

칸트는 이상과 같은 하느님의 세 가지 의미내용들이 실천적 이념의 표상으로 받아들여질 경우에는 순수한 도덕종교와 일치할 수 있으나, 그것이 신의 본성에 관한 이론적 인식의 확장으로 간주될 경우에는 비밀의 계시 또는 신인동형동성론적 부역신앙에 불과하다고 보았다(*Rel*, A202 B215). 실제로 계시적 역사신앙, 즉 유대-기독교적 전통에서는 하느님의 존재를 절대권능을 가진 최고 존재자로 인지해 왔으며, 따라서 인간 자신의 도덕적 노력보다는 하느님의 은총을 강조하였다. 그러나 칸트는 이와 같은 신앙의 노선을 결정적으로 변형시키고자 한다. 칸트가 제시하는 신앙의 방향은 궁극적으로 도덕적 이성신앙의 정립과 윤리적 공동체의 실현에 있다. 도덕적으로 선한 심성을 가진 인간이 악의 원리에 대항하여 의롭게 살아가려면 윤리적 공동체의 설립과 보존과 확장을 의무로 인식해야 한다는 것이다. 윤리적 공동체는 자유로운 입법의 원리, 즉 도덕법칙에 따라서 덕의 의무를 실현하는 것을 근본이념으로 지향하는 결속체이다. 따라서 현실적으로 윤리적 공동체는 완전하게 실현된 것으로서가 아니라 모든 사람들의 이상과 일치할 수 있도록 노력하는 과정이라는 특별한 국면에 위치한다(*Rel*, A125 B133).

2) 역사적 계시신앙과 최고선 수행 사이에서 제기되는 이율배반

역사적 계시신앙으로 알려진 교회신앙과 도덕적 이성신앙에서의 최고선 수행 사이에는 현상적인 모순이 도사리고 있다. 그것은 야고보와 바울로 사이에서 가시화된, 이른바 "행함이냐, 믿음이냐"에 대한 논쟁으로부터 비롯된다. 그것은 또한 루터의 은총론이나 칼뱅의 예정론과 밀접한 연관을 갖고 있으며, 일반적으로 변증론 또는 변신론의 형태로 논의되어 왔다. 구원과 섭리에 대한 전권이 신에게 주어진 것이라면 인간의 자유와 결단은 어떻게 가능한가? 칸트는 종교와 관련된 모든 신앙의 양태에서 개인에게는 알려질 수 있으나, 공식적으로는 확인될 수 없고 일반적으로도 전달될 수 없는 '하나의 거룩한 비밀'(ein heiliges Geheimnis), 인간의 경험적 지식으로 파악할 수 없는 '거룩한 어떤 것'(etwas Heiliges)과 불가피하게 마주친다고 말한다(*Rel*, B207). 그는 이런 비밀들이 현실적으로 존재하는가를 선험적, 객관적으로 결정할 수는 없다고 보았다. 칸트는 공식적으로 우리의 인식에 전달될 수 없는 것만을 신성한 비밀이라고 보았는데, 거기에는 소명, 대속, 선택이라는 기독교에서의 세 가지 비밀이 해당된다(*Rel*, B209).

첫째로 소명(Berufung)이란 인간을 '윤리적 국가의 시민'으로 부르는 것이다(*Rel*, A203 B216). 하느님이 자연사물의 창조주라면 모든 자연존재자는 자연법칙의 창시자에 따라야 한다. 인간 역시 무조건적으로 하느님과 자연의 법칙에 따라야 할 것이다. 그렇다면 인간에게는 인과성의 원리에 의하여 그의 행위를 유발한 원인 이외의 어떤 다른 내적 근거도 존립할 수 없을 것이다. 그럼에도 불구하고 인간 존재는 창조에 의한 자연 의존성이 아니라 오직 도덕적인 자유의 법칙이라는 가능적인 강제를 통하여 하느님 나라의 백성으로 부름 받게 되는 소명의 비밀에 이르게 된다. 이와 같은 자유의 행사가 어떻게 가능한지 우리의 이성으로는 이해할 수 없다. 소명은 도덕적으로 완전하게 명백한 것이지만, 그것이 하느님의 강제적인 법칙에 의한 것인지 인간의 자유로운 결단에 의한 것인지를 가리는 것은 불가능하다.

둘째로 대속(Genugtuung)은 도덕적으로 타락한 인간이 죄로부터 벗어나서 참된 구원에 이르게 되는 것을 말한다(*Rel*,

A204 B216). 칸트에 의하면 인간은 근본악의 영향 속에서 결코 스스로의 힘에 의하여 거룩한 법칙과 일치할 수 없다. 인간은 도덕적 완전성을 향하여 부단한 노력을 계속할지라도 여전히 죄의 영향 속에 있다. 그러므로 인간이 하느님의 자녀로 부르심을 받고 그의 나라에 속하는 백성으로 인정된다면, 신은 인간의 도덕적 결핍에도 불구하고 용서할 수 있는 방안을 마련해야 한다. 그러나 이것은 인간의 도덕적 행위가 자율성에 근거하며, 이성적 행위주체의 책임도 다른 주체에게 전가될 수 없기 때문에 현상적으로 모순되는 것처럼 보인다. 따라서 죄로부터 자유롭지 않은 인간의 대속이 어떻게 가능한가는 우리의 이성의 논리로 파악할 수 없는 하나의 비밀이다.

셋째로 선택(Erwählung)은 결함 있는 인간에게 하느님의 은총이 작용하는 것을 말한다(*Rel*, A204 B217). 칸트의 도덕신앙에 의하면 신의 이념에 적합한 도덕적 심성이나 최고선은 인간의 무한한 접근 노력에도 불구하고 완전하게 도달할 수 없으며, 그러므로 모든 인간은 결국 그 자신의 도덕적 행위가 아닌 하느님의 은총으로만 구원과 축복에 이를 수 있다. 그러나 하느님의 은총이 어떤 사람에게는 허용되고 다른 많은 사람들에게는 거부되는 사실은 하느님의 정의와 그 도덕적 구속성을 저해하는 것처럼 보일 수 있다. 따라서 하느님이 어떤 규칙에 의하여 인간의 죄를 용서하거나 축복을 내리는 지에 대하여 우리의 이성은 아무런 지식도 가지고 있지 않다.

이처럼 소명, 속죄, 선택이라는 세 가지 유형의 비밀, 즉 어떻게 선과 악이 존재하고, 악으로부터 선이 발생하며, 또한 어떤 경우에 선의 회복이 허용되는가에 대해서 신은 우리가 이성적으로 이해할 수 있는 아무것도 계시하지 않았다. 그럼에도 불구하고 칸트는 실천적인 의미에서 우리의 행위에 필요한 모든 것은 이미 이성이나 성서에 누구나 이해할 수 있을 정도로 충분히 계시되어 있다고 주장한다. 이성은 도덕법을 통하여 선한 행위를 하도록 강제하고 있으며, 이와 같은 사실은 심정과 양심으로 입증될 수 있기 때문이다. 그러나 이러한 비밀들은 실천적인 의미에서만 필연적인 종교의 이념으로 이해될 수 있으며, 그것도 공적인 차원에서 종교의 도덕적 기초로 가르쳐질 경우에만 계시되었다고 볼 수 있다. 결국 어떤 사람들이 하느님의 나라에 속할 수 있는 가에 대한 물음이 제기될 수 있다. 그렇다면 칸트가 생각하는 기독교적 구원의 가능성 조건은 무엇인가?

칸트에서 하느님의 마음에 들 수 있는 좋은 신앙의 기준은 자유롭고 순수한 도덕적 심성을 바탕으로 축복을 불러오는 신앙, 즉 도덕적 이성신앙이다(*Rel*, A159 B169). 이 거룩한 신앙은 인간이 "그 자신의 힘만으로 할 수 없는 것"과 "그가 할 수 있고 하지 않으면 안 되는 것"을 조건으로 한다. 첫 번째 신앙은 인간의 죄책에 대한 대가의 지불과 구원, 그리고 신과의 화해에 관한 속죄 및 대속의 신앙이다. 인간이 이미 행한 것을 심판자인 하느님 앞에서 하지 않은 것으로 간주해야 하기 때문에, 이는 인간 스스로의 힘으로는 할 수 없는 일이다.[4] 두

---

4) 그러나 만일 인간의 죄가 용서될 수 있다면, 누구든지 자신의 죄도 용서받기를 원할 것이다. 그리고 속죄의 조건으로 신앙만을 요구한다면,

번째 신앙은 하느님의 마음에 들 수 있는 인간이 되기 위하여 선한 삶을 살아가려는 신앙이다. 이것은 도덕적으로 선한 심성을 전제하며, 인간 스스로의 노력으로 할 수 있는 일이다.[5]

칸트는 이 두 가지 신앙이 필연적인 상호연관성을 가지면서 하나의 신앙을 형성한다고 보았으나, 그 스스로 이 두 가지 신앙 사이에서 주목할 만한 이율배반이 성립한다고 지적하였다.[6] 칸트가 구성한 이율배반은 역사신앙(교회)이 거룩한 신앙

사람들은 아무것도 행하지 않고 그저 믿기만 하면 되기 때문에 전혀 염려하지 않을 것이다. 그럼에도 불구하고 사람들은 자기 스스로 선한 행위를 전혀 하지 않았음에도 지은 죄를 모두 용서받을 수 있다(은총)는 소식을 듣게 되면 쉽게 믿으려고 하지 않을 것이다. 그가 이성적인 인간이라면 자신의 힘이 미치는 한에서 도덕적인 개선을 시도한 경우에만 그에 대한 은총을 기대할 수 있다고 생각할 것이다. 이것은 우리가 내세에 축복받을 만한 희망을 갖고자 한다면 그에 부합되는 도덕적인 노력을 선행적으로 시도해야 한다는 사실을 뜻하며, 따라서 속죄에 관한 교회신앙은 구속력을 잃게 되는 것이다(*Rel*, A161 B170f).

5) 그러나 만일 인간이 본성적으로 타락해 있고 악의 지배에 놓여 있어서 도덕적인 개선 능력이 없다면, 그는 아무리 노력해도 신의 마음에 드는 인간이 될 수 있다고 생각하지 않을 것이다. 따라서 그는 신앙에 의하여 거듭난 행위 결과를 통하여 구원에 대한 희망을 성취할 수 없으므로, 그의 행위와 관계없이 주어지는 은총에 대한 신앙에 모든 가능한 노력을 경주할 것이다. 따라서 그는 자신의 도덕적 노력보다는 하느님에 대한 공덕을 쌓기 위한 역사적 교회신앙을 우선적으로 생각할 것이다. 이것은 우리가 도덕적인 노력을 무한하게 기울인다 하더라도 여전히 죄인의 상태에 있으므로 축복받을 수 있는 처지가 아니라는 사실을 뜻한다. 따라서 선한 행위가 신의 속죄에 우선해야 한다는 명제는 구속력을 갖지 못한다(*Rel*, A162 B172).

6) 현실적으로 역사신앙만이 거룩한 신앙의 조건이라고 주장할 경우에는, 무서운 악행까지도 도덕적 개선 노력을 요구하지 않고서 신과 화해시킬 수 있다고 생각할 것이다. 그 경우에 인간의 도덕적인 성품조차도

의 본질적 요소가 되어 순수한 종교신앙보다 우위에 서는 것도 인정될 수 없으며, 그와 반대로 역사신앙이 하나의 단순한 수단에 그쳐서 결국에는 순수한 종교신앙으로 이행할 것이라는 사실도 받아들일 수 없는 것이다(*Rel*, A161 B170f). 그렇다면 칸트는 이 두 명제 사이의 모순을 어떻게 해소하였는가? 그는 거룩한 신앙의 첫 번째 원리, 즉 '대리적 속죄 신앙'은 다른 가능한 방법을 생각할 수 없는 구원의 길이므로 오직 이론적 개념을 위해서만 필연적이라고 보았다. 역사적 교회신앙은 속죄신앙의 원리에서 출발하며, 여기에서 대속에 대한 믿음은 신자의 의무이고, 선한 행위의 신앙은 신적인 작용에 의한 은총으로 여겨진다. 그와 반대로 두 번째의 신앙의 원리는 실천적이고 순수 도덕적인 것이며, 여기에서 선한 행위의 신앙은 신자의 무조건적 의무이고, 보다 높은 대속은 하느님의 은총으로 여겨진다. 따라서 도덕 없이 은총만을 추구하는 신앙은 미신적인 봉사라고 지탄받게 된다(*Rel*, A164 B174).

칸트는 대속신앙과 도덕신앙, 역사신앙과 이성신앙의 현상적인 모순에서 비롯되는 이율배반이 하느님의 아들에 대한 신앙을 통하여 해소된다고 보았다. 대립되는 계시적 역사신앙과

무조건적인 하느님의 섭리에 귀착될 것이다(*Rel*, A168 B178). "하느님은 그가 가엾게 여기고 싶은 자는 가엾게 여기고 냉대하고 싶은 자는 냉대한다"(「로마서」 9장 8절). 그와 반대로 우리 안에 있는 자연적 도덕적 소질이 모든 종교의 기초 원리이자 해석 원리라고 할 경우에는, 규약적인 종교의 은총신앙은 도덕적인 종교의 이성신앙으로 이행한다고 생각할 것이다. "내가 어렸을 때에는 말하는 것이 어린아이와 같고 깨닫는 것이 어린아이와 같고 생각하는 것이 어린아이와 같다가 장성한 사람이 되어서는 어린아이의 일을 버렸노라"(「고린도전서」 13장 11절; *Rel*, A169 B179).

순수한 종교신앙은 도덕적인 이성이념의 표준이자 동기가 되는 '하느님의 마음에 드는 인간의 원형에 대한 신앙', 즉 '하느님의 아들에 대한 신앙'(Glaube an den Sohn Gottes)을 매개로 하여 화해상태에 도달할 수 있다고 본 것이다. 이성 안에서의 원형에 대한 신앙은 거룩한 신앙의 대상인 동시에 도덕적으로 하느님의 뜻에 일치할 수 있는 행위 원리가 될 수 있으므로, 대속(은총) 신앙과 도덕신앙은 신의 아들, 즉 '신인'(神人, Gottmensch)에 대한 신앙에서 비로소 일치한다는 것이다(*Rel*, A165 B175). 칸트는 여기에서 예수를 그리스도보다는 도덕의 스승으로 해석하였다.

3) 윤리적 공동체로서의 '하느님의 나라'

이성적 존재자로서의 인간은 최고선을 촉진하도록 요구받고 있으나, 그것은 개인의 노력만으로 실현될 수 없으므로, 선한 심성을 가진 개체들의 구성체의 설립이 요구된다. 그것은 바로 "윤리적 법칙 아래 있는 하느님의 백성"이고(*Rel*, A129 B137), "하느님의 계명을 따르는 백성"인 동시에 "덕의 법칙을 따르는 하느님의 백성"이다(*Rel*, A131 B139). 이처럼 칸트에서 윤리적 공동체는 도덕법칙을 존중하는 하느님의 백성들이 모인 공동체이다. 윤리적 공동체, 즉 하느님의 백성의 이념은 인간의 제도로서는 교회(Kirche)라는 형식으로만 실현될 수 있다(*Rel*, A132 B140). 가시적 교회(sichtbare Kirche)는 도덕적 이상을 지향하는 사람들의 현실적인 결합체이고, 불가시적 교회(unsichtbare Kirche)는 신의 도덕적인 통치하에 있는 모든 의인들의 연합체, 즉 하느님 나라의 이념이다. 가시적인 교회는 현실 역사 속에서 불가시적 교회의 이념을 구현하여 이 땅 위에 하느님의 나라를 이룩하기 위하여 활동하고 있다.

칸트에 의하면 하느님의 나라를 대표하는 교회 공동체는 계시(Offenbarung)를 중시하는 '규약적인 교회신앙'(ein statutarischer Kirchenglaube)에서 출발하였다. 그러나 칸트는 그것이 보편적으로 영향력을 갖기 위해서는 궁극적으로 '순수한 종교신앙'인 '이성신앙'으로 발전되어야 한다고 주장한다(*Rel*, A137 B145). 신이 도덕법칙의 입법자인 한에서 우리는 순수하게 도덕적인 '단 하나의 종교', 즉 이성종교를 상정할 수 있으며, 따라서 계시신앙의 형태를 띠고 나타나는 역사신앙들, 즉 모든 가능한 제도종교들은 단지 순수한 이성신앙의 촉진을 위한 수단에 불과하다. 그러므로 이성신앙의 보편성은 특정한 계시를 좇아서 신을 찬양하는 것보다는 하느님의 뜻을 미리 알고서 선한 행위를 통하여 신의 마음에 들도록 행위하는 데서 찾을 수 있다. "나더러 주여 주여 하는 자마다 천국에 다 들어갈 것이 아니요 다만 하늘에 계신 내 아버지의 뜻에 행하는 자라야 들어가리라"(「마태복음」 7장 21절). 주의 이름을 맹목적으로 부르는 것보다는 하느님의 뜻을 행하는 것이 더 중요하다는 것이다(*Rel*, A140 B148).

그러나 칸트가 교회신앙의 의미를 무조건 부정한 것은 아니다. 현상적으로 하느님이 교회 안에서 어떻게 존경되어야 하는가는 이성이 아닌 계시를 통하여 알려지는 것처럼 보인다. 그러나 교회는 도덕적 심성 안에서 모든 의무를 신의 계명으로 준수하는 것보다는 다수의 구성원이 그 목표에 근접할 수 있도록 다양한 우연적 경험들에서 비롯되는 특정한 법규들을 가지고 공적 의무를 규정하였다. 어떻게 보면 윤리적 공동체의 유지 존속을 위한 수단으로 역사적인 계시신앙에 바탕을 둔 특정한 규약들이 필요할지도 모른다. 그러나 칸트는 신의 권위를 빙자하여 규약적인 신앙만으로 교회 구성원을 지배하고자 한다면 그것은 하느님의 높은 권위를 찬탈하는 것과 같다고 엄중히 경고한다(*Rel*, A142 B150). 그리하여 칸트는 교회신앙이 순수한 종교신앙을 그 최고의 해석자로 삼을 것을 권고한다(*Rel*, A149 B157). 그는 성서 해석 역시 문자주의보다는 도덕주의적으로 해석해야 한다고 주장함으로써, 이성종교 또는 도덕신앙을 모든 경전해석의 최고 원리로 삼았다(*Rel*, A149 B157). 이성종교만이 본래적이고 모든 세계에 대하여 타당하기 때문에, 교회신앙의 규범인 성서 역시 순수한 이성종교에 의하여 해석되어야 마땅하다고 본 것이다. 칸트가 교회신앙이 순수한 종교신앙의 단독 지배로 점진적으로 이행하는 것을 '하느님 나라의 도래'(die Annäherung des Reichs Gottes)라고 이해한 것(*Rel*, A158 B167)은 바로 그의 하느님 나라 개념을 특징적으로 드러내고 있다.

칸트는 계시적 역사신앙에서 이성적 도덕신앙으로의 '점진적 개혁'(allmählich fortgehende Reform)을 통하여 하느님 나라의 실현을 기대할 수 있다고 보았다. '교회신앙에서 보편적인 이성종교 및 지상에서의 (신적인) 윤리적 국가로의 점진적인 이행 원리'가 보편적으로 어딘가에 공적인 뿌리를 내린다면, 비록 그 하느님 나라의 실현이 무한히 먼 거리에 떨어져 있다고 하더라도 "하느님의 나라가 우리에게 임하소서"라고 말할 수 있는 근거를 갖게 된다. 그 원리 자체가 이 '완전성을 향한 부단한 접근의 근거'가 되기 때문이며, 종자 속에 열매가 있는 것처럼 그 안에 세상을 밝히고 지배할 전체가 놓여 있기 때문이다(*Rel*, A171 B181). 그리하여 교회신앙에서 보편적인 이성종교로의 이행, 그리고 지상에서 윤리국가의 점진적 실현이라는 원리는 인류가 덕의 법칙을 수행함으로써 악의 세력을 물리치고 영원한 평화를 확보할 수 있는 공동체를 건설할 수 있는 보편적인 근거인 동시에, 우리의 눈에는 보이지 않으나 부단하게 발전되고 있는 선한 원리의 활동 근거가 되는 것이다(*Rel*, A172 B181).

그러므로 칸트에서 하느님의 나라는 교회신앙이 이성신앙으로 완전하게 이행되는 것을 뜻한다. 칸트는 예수가 세계종말과 천국에 대한 이야기를 통하여 비유적으로 이 땅 위에 세워질 하느님 나라의 시민적 자질을 강조하였으며, 도덕적 행위에 기초한 믿음을 가진 자들에게 위안적 소망을 약속한 것으로 해석하였다. "기뻐하고 즐거워하라. 하늘에서 너희의 상이 큼이라"(「마태복음」 5장 12절). 하느님의 나라는 도덕성을 지향하는 우리들의 마음 한 가운데 있다. "하느님의 나라는 볼 수 있게 임하는 것이 아니요, 또 여기 있다 저기 있다고도 못하리니 하느님의 나라는 너희 안에 있느니라"(「누가복음」 17장

21-22절). 칸트에서 하느님의 나라는 어떤 특수한 계약에 의하여 도래하는 하느님의 나라가 아니라 오직 이성에 의하여, 즉 '지상에서 가능한 최고선에 대한 부단한 전진과 접근 안에서'(im kontinuirlichen Fortschreiten und Annährung zum höchsten auf Erden möglichen Guten) 인식될 수 있는 나라로 기술되고 있다(*Rel*, A195f B205).

그러므로 칸트에서 하느님의 나라는 도덕적 행위 주체 또는 집단이 지상에서 도덕적 완전성을 향한 무한하고 부단한 접근 노력을 경주할 경우에만 우리에게 임할 수 있으며, 오직 그 경우에만 우리가 아직도 여전히 죄악의 상태에 있을지라도 하느님의 은총판단에 의하여 자유롭게 될 수 있다는 위안적 소망을 가질 수 있게 되는 것이다.

3. '부처님의 나라': 불교에서 '수기'와 '서원'의 문제

1) 해탈과 열반으로서의 '부처님의 나라'

부처님의 나라는 모든 수행자들이 궁극적인 것으로 추구하는 최고선, 즉 해탈, 견성성불, 열반 등과 직접적인 관계에 있다. 불교에서 열반의 개념은 다의적이며, 특히 '완전한 소멸'과 '영원한 지속'이라는 이중적인 성격을 동시에 갖고 있다.

열반(涅槃 nirvāna, nibbāna), 혹은 '니원'(泥洹), '열반나'(涅槃那)는 멸(滅), 적멸(寂滅), 멸도(滅度), 원적(圓寂), 무위(無爲), 무작(無作), 무생(無生)에 해당되는 말로서 불교 수행에서의 궁극적인 목표가 되는 개념이다. 그것은 모든 번뇌의 속박에서 벗어나 불생불멸(不生不滅)의 법을 체득하여 해탈한 경지를 뜻한다.

1) 열반의 의미

스리랑카 페라데니야(Peradeniya) 대학의 아상가(Tilakaratne

Asanga) 교수는 『열반 그리고 표현불가능성』이라는 저술에서[1] '불교의 종교체험인 열반의 성격'에 대하여 다루었는데, 그는 독립적 초월적 실재가 존재할 수 없다는 불교의 연기론으로부터 열반(涅槃, nirvana)을 이해하고자 하였다.

열반은 '불을 끈다'는 뜻으로써, 외부 영향에 의하여 '불어 끄다'(nir+va)와 불이 타는 원인들을 제거함으로써 '덮는다'(nir + vr)는 두 가지 측면이 있다. 사성제(四聖諦) 중에서 고(苦)의 멸(滅)에 해당되는 열반은 "근저적 욕망의 완전한 사라짐과 소멸, 그것의 버림, 포기, 그것으로부터의 해탈과 원리(遠離)" (Samyutta-nykaya, V, 421)로 묘사되고 있으며, 이로부터 아상가는 열반을 탐진치(貪瞋癡)에 의하여 타오르는 불을 끄는 것, 즉 수행을 통하여 "마음이 번뇌로 오염된 상태에서 청정한 상태로 변화"하는 것으로 파악하였다(아상가, 130).

이와 함께 불교에서의 열반은 현상적 실재를 초월하는 어떤 것으로 이해될 수도 있는데,[2] 이 경우에 아상가는 불교가 브라만의 초월성을 믿는 힌두교와 다르지 않을 것이라고 지적한

---

1) Asanga, Tilakaratne, *Nirvana and Ineffiability: A Study of the Buddhist Theory of Reality and Language*, Sri Lanka 1993. 한국어판: 아상가, 『열반 그리고 표현불가능성: 초기불교의 언어·종교철학』, 도서출판 씨아이알 2006, 126쪽 이하.

2) 아상가는 루돌프 오토(Rudolf Otto: *The Idea of Holy*, London 1950), 지너(Zeahner, R.C.: *Mysticism Sacred and Profane*, Oxford at the Clarendon Press 1957), 스테이스(Stace, W.T.: *Mysticism and Philosophy*, Los Angeles: Jeremy P. Tarcher, Inc. 1960), 존 힉(John Hick: *An Interpretation of Religion*, New Heaven: Yale University Press 1989) 등이 불교에서의 열반을 초월적 실재로 파악한다고 보았다. 164쪽.

다(아상가, 178). 그리하여 그는 자연스럽게 베단타의 범아일여에 대한 도이취(Deutsch)의 견해에 주목한다. 도이취는 "존재의 시간을 초월한 완전함에 대한 경험"에 대한 것으로서, 그리고 "시간과 공간을 초월하고, 사유가 미칠 수 없는 청정하고 무분별적인 스스로 빛나는 의식이며, 개별적 인간의 근거가 되는" 브라만(Brahman)은 아트만(Atman)과 다른 것이 아니라고 해석하였다.[3] 따라서 베단타의 실재론과 해탈론은 브라만과 아트만의 일치를 통하여 실현되는 점에서 현상적 실재를 인정할 뿐만 아니라 주체의 존재까지도 분명하게 설정되고 있다(아상가, 156). 브라만과 아트만의 일치가 바로 해탈의 실재본질인 것이다. 그러나 아상가의 생각은 이와는 입장을 달리하고 있다.

아상가는 열반의 초월적 해석뿐만 아니라 허무주의적 해석도 비판하면서, 열반 경험은 일상적인 현실을 초월한 어떤 표현 불가능한 것이 아니라, "윤리, 수행, 마음이 청정한 삶의 결과로서 얻어지는 자연스러운 현상"이라고 규정한다(아상가, 178). 아상가는 열반이 초월적 실재성을 갖는 어떤 것이라고 할 경우에 불교의 독자성이 훼손될 것을 우려하면서 수행의 결과적 산물이라는 제한적 의미만을 부여하고자 하였다. 그는 불교의 경우에 "주관과 객관의 본질에 대해 다른 인식을 갖"는다고 보았다(아상가, 158). 불교의 경우에는 대상뿐만 아니라 대상에 대한 주관적 욕망도 문제가 된다. 해탈을 통하여 "소멸

3) Deutsch, Eliot, *Advaita Vedanta. A Philosophical Reconstruction*, Honoluku, East West Center Press 1969, S. 1, 13.

된 것은 지각의 세계, 즉 객관이 아니라 번뇌에 의해 물든 세계에 대한 자신의 낡은 인식이다"(아상가, 161).

아상가는 아라한이 "지혜를 가지고 실재를 있는 그대로 본다." 라는 불교경전(M, III, 217)의 진술을 중시하고 있다. 아라한은 세계를 열반적으로 새롭게 인식한다. 여기에서 "있는 그대로의" 실재는 실체 대 현상으로 이해한 것이 아니라 "무상(無常)하고 고(苦)이며 무아(無我)인 세계에 대한 지혜나 인식"(S, III, 89)을 뜻하는 불교의 여실지(如實知)를 말한다는 것이다(아상가, 162).

불교에서의 열반은 현상적 실재를 초월하는 궁극적인 종교체험인가? 아상가는 열반을 초월적인 것으로 이해하려는 입장이 현실적으로 존재한다는 사실에 주목한다.[4] 먼저 아상가는 자야틸레케의 『조기불교의 지식론』(*Early Buddhist Theory of Knowledge*)에서 열반에 대한 초기불교의 태도가 논리실증주의자들의 태도와 매우 유사하지만, 불교에서는 형이상학에 대한 질문의 무의미성을 간취하면서도 거기에는 증득될 어떤 형이상학적 실재가 존재한다고 생각한 점에서 다르다고 지적하였다(아상가, 168). 그런 후에 아상가는 열반의 성격이나 해탈한 존재인 아라한의 사후상태에 대한 초기 경전의 진술들을 통하

4) 아상가는 루돌프 오토(Rudolf Otto: *The Idea of Holy*, London 1950), 지너(Zeahner, R.C.: *Mysticism Sacred and Profane*, Oxford at the Clarendon Press 1957), 스테이스(Stace, W.T.: *Mysticism and Philosophy*, Los Angeles: Jeremy P. Tarcher, Inc. 1960), 존 힉(John Hick: *An Interpretation of Religion*, New Heaven: Yale University Press 1989) 등이 불교에서의 열반을 초월적 실재로 파악한다고 보았다. 164쪽.

여 그러한 주장들에 대해서 비판적인 입장을 견지한다. 붓다에게 밧차고타(Vacchagotta)는 마음이 해탈한 사람은 어디에 태어나는 가라는 물음, 즉 해탈적 주체의 존재론적 위상에 대한 물음을 제기하였다.

아상가는 자야틸레케가 이 텍스트를 아라한이 "오온(五蘊) 중 어떤 것도 가지지 않지만 어떤 방식으로든 존재하는 초월적인 상태에 도달한다는 의미로 생각했다"라고 보았다(아상가, 172). 열반적 초월 주체가 우리들이 표현할 수 있는 범주를 벗어나 존재하고 있다고 보았을 것이라고 추정한다. 그러면서 아상가는 '불의 비유'는 오히려 자야틸레케의 해석과는 반대로 '멸함', 즉 '삶의 단순한 종말'을 시사한다고 지적하였다. 그러나 이 경우 그것은 왜 "아라한의 삶이 측정할 수 없는 바다와 비교"되는 가를 설명할 수 없는 문제가 있다(같은 곳). 초기불교는 "사후의 아라한의 존재에 대한 어떠한 형태의 이론화를 단념시킨다. 만일 아라한이 현생에서조차 존재하지 않는다면 어떻게 내생에 대해 논할 수 있겠는가?"(아상가, 175)

아라한의 존재는 "생(生)은 다했으며", "이제 후유(後有)를 받지 않는다." 와 같은 비인격적인 부정적 표현들로 일관한다. 그러나 아상가는 이러한 표현은 인격적인 존재에 대한 긍정적인 언어도 아니지만 인격적 소멸을 주장하는 부정적인 언어사용도 아니라고 보았다(아상가, 175). 아상가는 열반과 아라한의 존재 방식에 대한 질문, 즉 "사후에 어떤 일이 일어날 것인가에 대한 궁금증"을 통하여 그것은 곧, "삶에 집착한 결과"인 동시에 "사후의 절멸가능성에 대한 불안과 좌절의 결과"라고 진단하였으며, 그에 대한 초기불교의 답변은 언제나 상주론자(常主論者)와 단멸론자(斷滅論者)의 양 극단을 피하여 "오온(五蘊)의 무상(無常), 고(苦), 무아(無我)의 성격에 대한 설득"에 집중되고 있다고 정리하였다(아상가, 175).

아상가는 자야틸레케가 생각하는 것처럼 열반이 초경험적인 것이라면 불교는 브라만의 초월성을 믿는 힌두교와 다르지 않을 것이지만(아상가, 178), 그는 열반에 대한 초월적인 해석뿐만 아니라 허무주의적 해석 역시 열반의 증득과 더불어 사라지는 병증에 지나지 않는 것으로 보았다. 그는 열반 경험이 일상적인 현실을 초월한 결과로서 주어진 것, 따라 표현 불가능한 어떤 것이 아니라, "윤리, 수행, 마음이 청정한 삶의 결과로서 얻어지는 자연스러운 현상"으로 묘사하고자 하였다(178).

이처럼 아상가가 진단하는 것처럼 불교에서의 열반은 단순히 소극적인 것도 아니고, 그렇다고 해서 적극적인 존재론을 전개할 수 있는 차원의 것도 아니다. 열반에 대한 소승과 대승의 인식 차이가 현저하고, 대승에서조차도 니르바나적 세계에 대한 기술은 제각각이다.

2) 열반의 형이상학

소승은 심신의 멸절 여부에 따른 유여의열반(有餘依涅槃)과 무여의열반(無餘依涅槃)을 중시하였으나, 대승에서는 실상(實相), 진여(眞如), 본체(本體) 등 열반의 실재적 존재 차원이 적극적으로 강조되어 왔다.[5)]

소승에서 중시하는 열반경전으로는 『불설장아함경』(佛說長阿含經 Dīrghāgama[sūtra], Dīghanikāya K-647, T-1)의 「유행경」(遊行經, Mahaparinibbana-suttanta), 『불반니원경』(佛般泥洹經, Mahāparinirvāasūtra, 2권, K-654, T-6), 『대반열반경』(大般涅槃經, Mahāparinirvāasūtra 3권, K-652, T-7) 등이 대표적이며, 이들 경전에서는 석존의 입멸 전후, 즉 유행(遊行), 발병(發病), 순타(純陀)의 공양, 최후의 유훈(遺訓), 멸후의 비탄, 사리 8분(分) 등을 역사적으로 기록하고 있다.

열반은 '소멸'을 뜻하기도 하고 때로는 존재 상태를 나타내기도 한다. 실제로 붓다는 열반의 존재와 형태에 대하여 어떤 형태의 대답도 회피하는 '무기'(無記)적 태도를 취하면서, 단멸의 견해[斷見]와 상주의 견해[常見]를 피하고자 하였다.[6] 그러

5) 소승은 수행을 통하여 고계(苦界)의 원인인 번뇌를 끊었지만 과거의 업보(業報)로 받은 신체가 아직 멸하지 않은 상태의 유여의열반(有餘依涅槃)과 생사고통의 원인인 신체까지 멸하여 얻은 진여(眞如)의 상태인 무여의열반(無餘依涅槃)의 이열반(二涅槃)을 지지한다. 그러나 대승은 거기에 무상열반(無上涅槃)을 부가하였다. 천태종에서는 성정열반(性淨涅槃), 원정열반(圓淨涅槃), 방편정열반(方便淨涅槃)의 삼열반(三涅槃)을 주장한다. 성정열반은 본래 불생불멸하여 물들일 수도 없고 깨끗이 할 수도 없는 만법의 실성(實性)인 진여를 찾는 것이고, 원정열반은 지혜로써 번뇌를 끊어 얻은 것이며, 방편정열반은 깨달은 후에도 중생을 제도할 목적으로 화현한 응신불(應身佛)로서 연(緣)이 다하면 멸도(滅度)하는 것이다. 그리고 법상종에서는 소승의 이열반에다가 본래자성청정열반(本來自性淸淨涅槃)과 무주처열반(無住處涅槃)을 더한 사종열반(四種涅槃)을 내세웠는데, 그 둘은 천태종의 성정열반과 방편정열반에 해당된다. 특히 무주처열반은 이미 진여, 즉 성정열반에 도달하였으나 생사와 열반에 차별을 두지 않는 이른바 무주(無住)의 지혜를 얻어서 대비(大悲)와 대지(大智)로 중생을 이롭게 하는 열반의 경지를 뜻한다.

나 대승불교는 일체 중생은 본시 불성을 갖추고 있으며, 법신이 상주(常住)하며, 법신(法身)의 4덕(四德)을 '상락아정'(常樂我淨)으로 규정함으로써, 열반을 불타론(佛陀論)의 최고선으로 기술하고자 하였다.

『대반열반경』[7]에는 열반이 상락아정(常樂我淨)의 경지이고, 불신(佛身)은 상주(常住)하며, 일체 중생은 불성을 가지고 있어서(一切衆生悉有佛性), 일천제(一闡提)마저도 성불(成佛)할 수 있다는 네 가지 사상이 펼쳐지고 있다. 불성(佛性)을 보는 것이 열반이라면 '상락아정'은 대열반이므로,[8] 이 중에서 가장 근본적이고 중요한 것은 바로 '상락아정'이다.

(1) 열반 상락아정설

열반 상락아정설(常樂我淨說)은 소승의 열반론과는 근본적인 차이를 보이고 있는 대승 열반설의 가장 특징적인 부분이라고 할 수 있다.

---

6) 한글대장경『잡아함경 2』, 제32권, 905, 동국역경원 1986, 404쪽: 如來有後生死. 無後生死. 有後無後非有後非無後. 一切答言. 世尊說. 此是無記(大正藏 2, 226上).

7)『대반열반경』(大般涅槃經 Mahāparinirvāasūtra, 40권본, 北本 K-105, T-374)은 북량(北涼)시대(414~421)에 담무참(曇無讖, Dharmakema)이 한역(漢譯)한 것으로서,『열반경』,『대본열반경』(大本涅槃經),『북본열반경』(北本涅槃經)으로도 불린다. 북량이 멸망한 후에 강남으로 옮긴 혜엄(慧嚴), 혜관(慧觀), 사령운(謝靈運)은 6권 18품의『대반니원경』(大般泥洹經)에 바탕을 두고 36권 25품의『대반열반경』남본(南本, K-1403, T-375)을 만들었다. 최봉수,「해제」,『大般涅槃經』1, 동국역경원 2002, 7쪽 이하.

8) 元曉,『涅槃宗要』: 以見佛性而得涅槃, 常樂我淨名大涅槃(韓佛全 1, 533上).『대반열반경』(36권본), 大正藏 12, 758下. 김원명, 191.

그렇다면 상락아정이란 무엇인가? 상락아정이란 열반의 4덕(四德)을 나타내는 범주이다. 상(常)은 열반의 경지가 생멸 변천함이 없다는 것으로서 법신을 뜻한다. 낙(樂)은 생사의 고통을 여의어 무위(無爲) 안락하다는 것으로서 열반을 뜻한다. 아(我)는 망집(妄執)의 아(我)를 여의고 진아(眞我)를 찾았다는 것이니 부처를 뜻하며, 정(淨)은 번뇌의 더러움을 여의어 담연청정(湛然淸淨)하다는 것으로서 법(法)을 뜻한다.

따라서 원효는 상락아정을 "'아(我)'는 곧 부처의 뜻이요, '상(常)'은 법신의 뜻이요, '낙(樂)'은 열반의 뜻이요, '정(淨)'은 법의 뜻이다."[9] 라고 정리했던 것이다.

이와 같은 대승적 개념 사용은 분명히 파격으로서 기존의 무기적 개념 사용에 대한 전도에 의해서만 가능하다. 이것은 상견을 취한 자가 자아를 인정하면 번뇌에 사로잡혀 괴로움에서 벗어날 수 없으며, 단견을 취한 자가 자아를 부정하면 청정한 수행을 해도 아무 이익이 없게 된다는 이율배반을 해소하기 위한 하나의 방책일 것이다.[10]

붓다는 「수명품」(壽命品)에서 네 가지 유형의 개념들에 대한 전도(顚倒)를 시도하였다. 즉 '괴로운 것'을 '즐거운 것'으로, '무상한 것'을 '항상적인 것'으로, '무아'를 '자아'로, 그리

---

9) 元曉, 『涅槃宗要』: 我者卽是佛義, 常者是法身義, 樂者是涅槃義, 淨者是法[身]義(韓佛全 1, 533上). 『대반열반경』(36권본), 大正藏 12, 758下. 김원명, 190.

10) 한글대장경 『大般涅槃經』(40권본) 1, 동국역경원 2002, 180쪽: 若我住者卽是常法不離於苦. 若無我者修行淨行無所利益(大正藏 12, 410中).

고 '부정한 것'을 '깨끗한 것'으로 바로 잡은 것이다.[11] 그것은 이전에 붓다가 무기적 태도를 취했던 것들에 대하여 적극적인 기술로 전환했다는 것을 뜻한다. 이렇게 되면 여래와 법신(法身)에 대한 모든 논의들은 무수한 방편을 통해서 정당화될 수 있다.

이것은 곧 불교의 수행이론이 의미 있게 논의될 수 있기 위해서는 개념의 혁명적 전도, 즉 방편의 형이상학을 요구할 수 밖에 없다는 사실을 뜻한다. 이와 같은 방편적 명제들이 전제되지 않고서는 금계(禁戒)를 지킬 수도 없고, 깨달음을 얻을 수도 없을 것이다. 그리고 여래가 무상하다면 천신들이나 세상 사람들도 귀의할 곳을 찾지 못할 것이며 귀의하지도 않을 것이다.[12] 그러나 붓다의 방편들이 칸트에서의 이론명제들처럼 현상적 범주 안에서의 객관적 실재성에 차폐된 개념들이

---

11) 한글대장경 『大般涅槃經』(40권본) 1, 동국역경원 2002, 49쪽: 我今當說勝三修法. 苦者計樂. 樂者計苦. 是顚倒法. 無常計常. 常計無常. 是顚倒法. 無我計我. 我計無我. 是顚倒法. 不淨計淨. 淨計不淨. 是顚倒法. 有如是等四顚倒法. 是人不知正修諸法(大正藏 12, 377中).

12) 그리하여 "무아는 생사를 일컫는 것이고, 자아는 여래를 일컫는 것이며, 무상은 성문과 연각이고, 항상한 것은 여래의 법신이며, 괴로움은 모든 외도이고 즐거움은 바로 열반이며 부정한 것은 유위법이고 깨끗한 것은 부처님과 보살이 지닌 정법이다."(한글대장경 『大般涅槃經』(40권본) 1, 동국역경원 2002, 50쪽): 無我者名爲生死. 我者名爲如來. 無常者聲聞緣覺. 常者如來法身. 苦者一切外道. 樂者卽是涅槃. 不淨者卽有爲法. 淨者諸佛菩薩所有正法(大正藏 12, 377下). "열반이란 곧 부처님들의 법성이다"(70쪽): 涅槃義者. 卽是諸佛之法性也(大正藏 12, 382中). "법성에는 멸함이 존재하지 않는다."(70쪽): 夫法性者無有滅也(大正藏 12, 382中) 와 같은 불교형이상학적 명제들이 들어설 수 있게 된 것이다.

아닌 것은 분명하다. 거기에는 현상세계를 지배하는 법칙을 넘어서는 어떤 지향적 이념이 작동하고 있는 것을 볼 수 있다.

따라서 방편으로 기술되는 진아와 여래와 열반의 존재는 칸트에서의 이성이념과 같은 차원에서 해석될 필요가 있으며, 여기에서 해탈을 불공공(不空空)으로 기술한 것은 인식 작용의 규제적 방향을 지시하는 것으로 볼 수 있을 것이다.

> 해탈은 모든 유위법을 끊고 모든 무루의 선한 법을 출생시키며 자아[我]와 자아 없음[無我]과 자아 아님[非我]과 무아 아님[非無我]의 모든 길을 단절하고 막는 것이다. 그렇지만 단지 취착만을 끊을 뿐이지 진정한 자아를 보는 것을 단절하는 것은 아니다. 자아를 본다는 것은 불성(佛性)을 이름한 것이니, 불성은 참된 해탈이며 참된 해탈이 곧 여래이다. 또한 해탈은 공하지 않은 공을 이름한 것이다. 공공(空空)은 무소유를 이름한 것이다. 이 무소유는 외도의 니건자(尼犍子) 등이 해탈이라고 억측하는 것인데, 니건자는 실제로는 해탈이 없으므로 공공이라 이름한 것이다. 그러나 참된 해탈은 그렇지 아니하므로 공하지 않은 공[不空空]이라 하니, 공하지 않은 공이 참된 해탈이고 참된 해탈이 곧 여래이다.[13)]

---

13) 한글대장경『大般涅槃經』(40권본) 1, 동국역경원 2002, 119쪽: 又解脫者名斷一切有爲之法. 出生一切無漏善法. 斷塞諸道所謂若我無我非我非無我. 唯斷取著不斷我見. 我見者名爲佛性. 佛性者卽眞解脫. 眞解脫者卽是如來. 又解脫者名不空空. 空空者名無所有. 無所有者卽是外道尼犍子等所計解脫. 而是尼犍實無解脫故名空空. 眞解脫者則不如是故不空空. 不空空者卽眞解脫. 眞解脫者卽是如來(大正藏 12, 395中).

열반의 상락아정설은 무아설의 취지를 유위법의 차원으로 제한하여 약화시키거나 전면 부정하는 결과를 초래하였다. 그러나 연기설에 근거한 무아설이 유위법에만 해당되고 방편시설에 의한 명제들은 무위법의 권역에 해당된다는 이원론적 설명은 불교 해석에서 새로운 논란을 불러일으킬 수 있다.[14]

(2) 불신상주설

불신상주설(佛身常住說) 역시 소승적 시각에서는 무기였던 것이 적극적으로 기술되는 방편 명제이다. 초기불교의 「아함경」에서 외도(外道)들은 여래(如來) 사후(死後)의 유무(有無)

---

14) 최봉수는 이 문제를 삼법인설이 무아설로 귀착되지만 그것은 유위법에만 해당되며, 따라서 무위법의 차원에는 부정되지 않은 어떤 것이 있다고 해석하였다(최봉수, 「해제」, 『大般涅槃經』(40권본) 1, 동국역경원 2002, 9쪽). 그는 "무아설로 귀결되는 삼법인설의 목적이 일체법에 대한 집착을 금하는 것에만 두어진 것이 아님을 보여주는 것"에 있으며, "무아인 현상적 존재에 대한 집착을 제거함으로써 무상하지도 괴롭지도 무아이지도 않은 무위법과의 계합(契合)에 있"음을 보여주는 것으로 이해하였다(9). 최봉수는 그 단적인 예로써 「自說經*Udana*」에서 "열반이란 어떤 곳인가? 그곳에는 옴이 없다. 감도 머묾도 죽음도 재생도 없다. 나루터도 없고 윤회도 없고 의지처도 없다. [...] 그러나 흔들리지 않는 즐거움이 그곳에 있다."(*Khuddaka-Nikaya*, Vol. I) 는 구절을 제시하면서, 열반이 무위법의 대명사라는 점을 들었다. 여기에서 열반은 "불생불멸(不生不滅)의 참 존재"로 읽혀지고 있으며, "흔들리지 않는 즐거움"으로 표현하고 있어서, 최봉수는 항상성을 가진 자아의 존재가 인정되고 있다고 해석한다(최봉수, 11쪽). 그러나 최봉수는 무아설의 주체 부정이 어떤 근거에서 유위법으로 한정되고, 열반적 주체는 무아설의 권역을 넘어서는 무위법의 세계에 해당되는지에 대한 철학적 근거와 그 의미에 대해서는 적극적인 기술을 하지 않고 있다.

에 대하여 의문을 제시한 바 있다. 또한 부처님 재세시(在世時)에 비구들도 부처님 사후의 존재 유무에 대한 물음을 제시한 바 있다. 이 경우에 대부분의 답변은 무기(無記)로 남겨 두었다. 일부에서는 법신(法身)의 상주를 설하였지만, 그 역시 관념적인 표현에 그쳤다. 그러나 『대승열반경』에서는 불신(佛身)이 상주한다는 보다 구체적인 표현을 찾아볼 수 있다.

> 여래의 몸은 항상 머무는 몸이고 부서질 수 없는 몸이며 금강의 몸이고 잡식하지 않는 몸이니 곧 법신이다.15)

> 모든 부처님 법이 곧 법성(法性)이며 이 법성이 곧 여래이다. 그러므로 여래는 항상 머물고 변하지 않는 것이다. 만일 누군가가 여래가 무상하다고 말한다면 그 사람은 법성을 알지도 못하고 보지도 못하는 것이다. 법성을 알지 못하고 보지 못하는 자에게는 마땅히 의지하지 말아야 한다.16)

여래의 몸은 무량 억겁 동안에 매우 견고하여 부수기 어려운 것이다. 여래의 몸은 인간과 천신의 몸이 아니므로 생하지도 않고 멸하지도 않은 것이다. 그래서 여래는 "가고 옴이 없으나 가고 오기도 하며 깨뜨려지지도 않고 부숴지지도 않으며

15) 한글대장경 『大般涅槃經』(40권본) 1, 동국역경원 2002, 71쪽: 如來身者是常住身. 不可壞身. 金剛之身. 非雜食身. 卽是法身(大正藏 12, 382下).

16) 한글대장경 『大般涅槃經』(40권본) 1, 동국역경원 2002, 143쪽: 大正藏 12, 401下.

끊어지지도 않고 잘라지지도 않으며 나오지도 않고 멸하지도 않는다."[17] 라고 한 것이다. 중생들은 교법과 승단이 훼손되고 파괴되어 여래가 멸진할 수 있다고 생각하지만 여래의 성품은 진실하여 변하지 않고 파괴되지도 않는다.[18] 여래는 형상과 모습이 없으며 무생(無生)의 성품과 같아서 단절도 아니고 상주도 아니다.[19] 여래에 대한 단정적인 진술은 오해와 잘못된 해석을 불러일으킬 수 있으므로, 붓다가 여래의 존재에 대하여 무기적 태도를 취하였던 것이다. 따라서 방편적 진술에 의한 새로운 언표들 역시 붓다의 무기적 의도를 존중하여 해석되어야 한다.

> 여래진신의 공덕은 유위도 아니고 무위도 아니며 세간도 아니고 세간 아닌 것도 아니다. 짓는 것도 아니고 짓지 않는 것도 아니며 의지도 아니고 의지하지 않는 것도 아니다. 사대(四大)도 아니고 사대 아닌 것도 아니며 원인도 아니고 원인이 아닌 것도 아니며 중생도 아니고 중생 아님도 아니며 사문도 아니고 바라문도 아니다. 사자이고 큰 사자이며 몸도 아니고 몸 아닌 것도 아니어서 결정적으로 말할 수 없으며 일법상(一法相)을 제하고는 셈으로 셀 수 없으며 반열반에 들 때에도 반열반에 들지 아니하

17) 한글대장경 『大般涅槃經』(40권본) 1, 동국역경원 2002, 72쪽: 無有去來而亦去來. 不破不壞不斷不絶(大正藏 12, 383上).

18) 한글대장경 『大般涅槃經』(40권본) 1, 동국역경원 2002, 205쪽(大正藏 12, 383上).

19) 한글대장경 『大般涅槃經』(40권본) 1, 동국역경원 2002, 73쪽: 平如虛空無有形貌同無生性. 不斷不常(大正藏 12, 383上).

니 여래의 법신은 이렇게 무량하고 미묘한 공덕을 모두 빠짐없이 성취하였다.[20]

따라서 불신상주설에서 대열반에 관한 모든 표현들은 규제적인 의미로만 이해되어야 할 것이다.

(3) 일체중생실유불성설

일체중생실유불성설(一切衆生悉有佛性說) 역시 소승적 태도에서는 무아연기설에 배치되는 부분이며, 무기(無記)에 의하여 괄호쳐진 것이다. 불성(佛性)은 여래성품(如來性品) 또는 여래장(如來藏)으로도 쓰인다. 모든 존재는 불성을 가지고 있으나 그것들이 미망에 사로잡혀 있는 탓으로 그 형체가 가려져 있다. 소승(小乘), 외도(外道), 그리고 일부 대승(大乘)에서는 일체 중생에게 불성이 있다는 사실을 인정하지 않았으나 세친(世親)은 「불성론」(佛性論, K-596, T-1610)에서 모든 중생에게 불성이 본래부터 갖추어져 있다는 사실을 밝혔다.[21]

『열반경』에서도 모든 중생들에게 불성이 존재한다고 단적

---

20) 한글대장경 『大般涅槃經』(40권본) 1, 동국역경원 2002, 73쪽(大正藏 12, 383中).

21) 이 『불성론』은 진(陳)나라 때(557년에서 569년 사이) 진제(眞諦, Paramārtha)가 번역하였다. 불성(佛性)을 체계적으로 다룬 이 논서의 제3 「여래장품」(如來藏品)에서는 소섭장(所攝藏), 은복장(隱覆藏), 능섭장(能攝藏)이라는 여래장의 세 가지 형태를 설명하고 있다. 소섭장은 모든 중생이 여래의 지(智)에 포섭되었다는 사실을, 은복장은 중생의 번뇌로 인하여 불성이 감추어져 있다는 사실을, 그리고 능섭장은 중생이 성불할 때 얻게 되는 모든 공덕이 본래부터 불성 안에 갖추어져 있다는 사실을 뜻한다.

으로 규정하고 있다.

> 모든 중생에게 불성(佛性)이 있다.[22)]

그러나 모든 사람들에게 불성이 있다는 사실을 우리는 어떻게 알 수 있는가? 붓다는 방편에 의하여 가능하다고 말한다.

> 모든 중생들에게 불성이 있지만 번뇌에 가리어서 알지도 못하고 보지도 못한다. 그러므로 마땅히 부지런히 방편을 닦아서 번뇌를 끊고 부수어야 한다.[23)]

붓다 스스로도 자신에게 "불성이 있다." 고 하였으며, 『여래비장』(如來秘藏)이라는 경에서 "나는 마땅히 부처님 도를 성취하여 무량억(億)의 번뇌와 결박을 능히 다하겠다." 는 서원을 밝히면서, "너희들도 빠짐없이 불성이 있으니 나와 너희가 함께 모두 마땅히 여래의 도(道)와 경지에 머물러 아뇩다라삼먁삼보리를 성취하고 무량 억의 모든 번뇌와 결박을 다해야 한다."[24)] 라고 강조한 바 있다. 그것은 우리들에게 "'여래장(如來藏)이 있으며, 비록 보지 못했다 하더라도 모든 번뇌를 멸진시킨다면 들어갈 수 있"기 때문에 가능한 일이다.

---

22) 한글대장경『大般涅槃經』1, 동국역경원 2002, 155쪽(大正藏 12, 404下).

23) 한글대장경『大般涅槃經』1, 동국역경원 2002, 158쪽, 大正藏 12, 405中.

24) 한글대장경『大般涅槃經』1, 동국역경원 2002, 159f(大正藏 12, 405下).

그리하여 "여래의 밀장(密藏)에는 자아가 없고 공적하다." 고 믿는 자들은 무량한 세월 동안 생사 중에 윤회하면서 괴로움을 받을 것이라고 하였다.[25] 이처럼 불성을 가진 존재가 미망의 번뇌에 둘러싸여 여러 가지 형태로 윤회하는 사실이 실제로 언급되고 있다.

> 불성이 번뇌로 말미암아 가지가지의 맛을 내니, 곧 지옥·축생·아귀·천신·인간으로 된다. 그리고 남자·여자·남자도 여자도 아닌 자·찰리·바라문·비사·수타 등이 된다. 하지만 불성은 웅장하고 용맹하여 훼손하거나 깨뜨릴 수 없다. 그러므로 살해할 수 있는 자는 없다. 만일 살해할 수 있다면 불성이 단절되겠지만,. 저 불성은 끝내 단절할 수 없으니 성품을 끊을 수 있다는 것은 결코 그렇지 아니하다. 자아의 성품은 곧 여래 비밀의 장(藏)이니, 이러한 비밀의 장은 모든 것이 능히 깨뜨리거나 태우거나 소멸할 수 없는 것이다.[26]

그러나 윤회적 주체가 단정적으로 일자성(一者性)을 가진 자아(我)를 뜻하는 것은 아니다. 그렇다면 연기적 무아설은 아무런 의미가 없어지기 때문이다. 결국 진아의 존재와 관련하여 불성의 존재 사실 역시 무기적 태도에로 소급될 처지에 직

25) 한글대장경『大般涅槃經』1, 동국역경원 2002, 164쪽(大正藏 12, 406下).

26) 한글대장경『大般涅槃經』(40권본) 1, 동국역경원 2002, 171쪽(大正藏 12, 408中).

면하게 된다. 일체 중생에게 불성이 있다는 것은 집착(執着)이고 없다는 것은 허망(虛妄)을 불러온다. 따라서 일체 중생에게 불성이 존재한다는 사실은 이론적인 측면에서 증명할 수 있는 명제가 아니라 실천적으로 요구되는 명제라는 사실을 확인할 수 있다. 일체 중생에게 불성이 아직 존재하지 않는다 할지라도 마땅히 있어야 할 것으로서 모두에게 허락된다는 의미일 것이다. 그러나 오온의 집합체에 지나지 않은 우리들에게 진여, 진제의 차원을 개시할 수 있는 가능적 근거가 있다는 사실로부터 존재의 실체적 근거에 대한 물음은 언제든지 또 다시 제기될 수 있다.

(4) 일천제성불설

일천제성불설(一闡提成佛說)은 대승 열반론의 정점인 동시에 불교 구원설의 요체가 된다. 기독교 신학에서도 만인구원설이 있지만 정통신앙에서는 이단시되고 있다. 불교에서 일천제(一闡提, icchantika)는 단선근(斷善根)이나 신불구족(信不具足)으로서 '영원히 구제될 수 없는 자'를 뜻하는 말이다. 다른 한편, 보살이 대비심을 일으켜서 일체 중생이 제도될 때까지 의도적으로 예토(穢土)에 나는 대비천제(大悲闡提)가 있는데, 이들은 본성적으로는 성불할 능력이 있으나 성불할 기회를 스스로 유보하고 있는 자들이다.

『대승열반경』의 전반부에서는 다른 곳에서와 마찬가지로 일천제의 성불 가능성을 완강하게 거부하고 있다.[27] 그렇지만

---

27) 한글대장경 『大般涅槃經』(40권본) 1, 동국역경원 2002, 155쪽(大

『대승열반경』의 후반부에 가서는 "일체의 중생은 실로 불성이 있는 까닭에 사중금(四重禁)을 참회하고 정법(正法)을 비방하는 마음을 제거하고 오역죄(五逆罪)를 다하고 일천제를 멸한 뒤에 깨달음을 성취하는 것이 가능하다."(제21권)라고 입장을 변경하였다. 이것이 바로 불교 구원론에서의 전회(Kehre)가 성립되는 순간이다.

그와 같은 구원론적 전회가 필연적으로 요구되는 가장 중요한 근거는 바로 모든 중생에게 불성이 갖추어져 있다는 사실에 있다.

> 불성은 안과 밖, 유루와 무루, 상주와 무상 등에 걸리는 그러한 선근(善根)이 아니라 존재 이상의 존재이며 선악 이상의 선인 까닭이다.28)

불성이 일천제보다 높은 차원의 원리이므로 일천제의 성불을 가능한 것으로 여겼을 것이다. 기독교 교의신학에서도 원

正藏 12, 404下). 오무간죄(五無間罪)나 네 가지 중금법[四重禁法]을 범한 중생들의 흐린 물 속에서 보리심이 일어날 수 있으나, 모든 선근이 소멸한 일천제의 진흙탕 속에서는 백천만 년이 지나도 그것을 맑히거나 보리심을 일으키지 못한다고 보았다. 일천제는 근본적으로 선성이 결여된 존재이기 때문이다(제9권, 205, 210쪽: 大正藏 12, 416下, 418上). 일천제는 여래가 열반하는 것을 보거나 어떤 보살이 선업을 지어 깨달음을 얻을 경우에도 그것을 무상한 것으로 여기면서 훼방하고 파괴하기를 서슴치 않는 그런 존재들로서(213쪽: 大正藏 12, 418下), 업의 과보를 믿지 않고 수치나 회오의 마음이 없어서 여러 부처님이나 세존도 다스릴 수 없고 치료할 수 없는 존재들로 기술되고 있다(439쪽: 大正藏 12, 477下-478上).

28) 『대승열반경』 제22권.

죄와 하느님의 은총 사이의 긴장관계가 발견되는데, 악한 자의 구원을 주제로 하는 만인구원설의 문제가 바로 불교의 일천제 성불설과 맥락을 같이 한다.

2) 무기와 수기 사이에서 제기되는 이율배반

붓다의 무기(無記)와 수기(授記), 즉 붓다가 연기법적 무아설의 관점에서 기존의 모든 형이상학적 명제들을 부정하고 무기적 태도를 취했던 사실과, 동시에 그가 실천적 수행의 관점에서 시설한 수기, 서원, 방편 등의 발화 사실로부터, 필연적으로 회피할 수 없는 이율배반이 제기된다.

1) 무아설과 윤회설, 그리고 무기와 방편의 이율배반

부처님의 나라가 의미 있게 진술될 수 있기 위해서는 현상적 자아존재로서의 '가아'(假我)이든지 진아(眞我)이든지 관계없이 수행적 주체의 존재와 함께 카르마적 세계질서 안에서도 자유로운 결단을 할 수 있는 여지가 전제되어야 하고, 수행을 통하여 성불할 수 있다는 사실이 선행되지 않으면 안 된다. 그러나 연기법에 근거한 붓다의 무아설에 의하면 그와 같은 수행 주체의 존립 근거가 근본적으로 부정되거나 유보되며, 윤리학의 근본요청으로 요구되는 자유 존재의 존립 기반 역시 카르마적 세계질서에 의하여 해체될 수밖에 없는 어려움에 직

면하게 된다.[29]

『잡아함경』에서는 외도승들이 사리불에게 '후세에 여래의 나고 죽음'에 대한 네 가지 유형의 질문을 던지자, 그는 세존께서 무기로 답하였다고 말하였다. "여래는 형상이 이미 다하고 마음이 잘 해탈하여 매우 깊고 넓고 크며 한량이 없고 헤아릴 수 없는 적멸(寂滅)이요 열반이기 때문"에 "후세가 있다고 말하는 것도 옳지 않고, 없다고 말하거나, 있기도 하고 없기도 하다든가, 있지도 않고 없지도 않다고 말한다면 그것도 옳지 않다"는 것이다.[30] 붓다가 제시한 연기사상의 생성사적 측면을 고려할 때, 무아설을 상대화하려는 어떤 시도도 붓다의 세계 해석을 무위로 돌려버리는 결과를 초래할 수 있다.

붓다 스스로 이와 같은 형이상학적 물음에 대하여 무기(無記)로써 대응한 이유는 명백하다. 열반에 대한 초월적 해석은 불교의 베단타화를 초래할 것이기 때문이다. 그러나 불교수행론이 수행적 자체모순에 빠지지 않기 위해서는 수행주체 및 열반과 여래의 존재가 요구되지 않으면 안 된다.

그리하여 『장아함경』에서 스스로 생사가 다한 것을 알고 있

---

29) 이에 대한 상세한 논의는 김진, 『칸트와 불교』(철학과현실사 2004) 중에서 "석가의 무아설을 중심으로 다르마 이론과 카르마 이론 사이에서 제기되는 모순"(237쪽 이하), 그리고 "자유 개념을 중심으로 다르마적 세계 해석과 실천적 구원론 사이에서 제기되는 모순"(243쪽 이하) 부분을 참조하라.

30) 한글대장경 『잡아함경 2』 제32권, 905, 「외도경」(外道經), 동국역경원 1985, 404쪽 이하: 如來者色已盡. 心善解脫. 甚深廣大. 無量無數. 寂滅涅槃. [...] 是故說後有者不然. 後無後有無後非有非無者不然(大正藏 2, 226中). 제34권 958, 「목련경」(目連經) 471쪽(大正藏 2, 244中).

었던 여래가 자신이 몸을 가진 이유를 모든 하늘과 사람을 복되게 하고 제도하기 위한 것이라고 말했던 것이며, 여래의 몸이 없다면 하늘과 세상 사람들이 믿을 곳도 없게 되는 위기가 초래된다.[31] 이처럼 붓다의 열반 사실 자체는 붓다가 그토록 중시하였던 무기적 태도를 위태롭게 한다.

부처님이 3개월 후 반열반(般涅槃 parinirvāa)에 들 것을 선언하자 아난을 비롯한 제자들이 크게 놀라고 슬퍼한다.[32] 여기에서 반열반이란 입멸(入滅), 멸도(滅度), 원적(圓寂), 즉 완전한 열반을 뜻하는 말이다. 해탈 후에도 가지고 있었던 신체적 조건들을 벗어나서 적멸무위(寂滅無爲)하고 불생불멸하는 법신의 경지로 들어가는 것이지만, 현실적으로는 붓다의 죽음이라는 상황과 마주친 것이다. 제자들이 슬퍼한 것은 바로 이 때문이었다.

붓다와 제자들의 이해지평은 서로 달랐다. 그러자 붓다는 다음과 같이 위로하였다.

> 걱정하거나 슬퍼하지 말라. 천지와 인물이 태어나서 마치지 않은 것은 없다. 모든 있는 것으로 하여금 변역(變易)하지 않으려 해도 그렇게 할 수 있는 곳은 없다. 나는 전에도 말했지만 은혜와 사랑은 무상하고 모아서 이루어

---

31) 한글대장경 『장아함경』 14권, 「범동경 제2」, 동국역경원 1985, 339쪽: 如來自知生死已盡. 所以有身爲欲福度諸天人故. 若其無身. 則諸天世人無所恃怙(大正藏 1, 94上).

32) 한글대장경 『대반열반경』(40권본) 1, 「수명품」, 동국역경원 1998, 20쪽 이하(大正藏 12, 370下).

진 것은 떠나는 것이다. 이 몸은 나의 것이 아니며, 이 목숨도 오래 가지 않는다.[33)]

붓다가 열반에 드는 순간에도 애별리고(愛別離苦)와 해탈(解脫)의 정서가 착종되어 있는 것을 간파할 수 있다. 그러나 붓다의 반열반 사건은 무아설적 무기에 대하여 수행적 자체모순에 직면하게 된다. 누가 깨달음에 도달하였다가 이제 신체적 조건을 벗어나서 반열반에 드는 것인가? 가장 일반적이고 통속적인 의미에서 수행 주체를 전제하지 않고서 깨달음이나 해탈, 그리고 구원이나 열반을 말하는 것은 불가능하기 때문이다.

이처럼 우리는 반열반을 앞둔 붓다에게서 무기적 태도를 전혀 찾아볼 수 없다. 열반은 전적인 단절이나 즐겁고 편안한 영원의 지속 등의 의미로 언표되고 있다.

현세와 후세, 그리고 범천(梵天) 세계의 모든 하늘사람도 다시는 사람의 영웅인 석존 스승을 뵈올 수 없을 것이다.[34)]

모든 부처님의 금강(金剛)의 몸도 모두 또한 무상(無常)으로 돌아가니 빨리 없어지기가 눈과 같다.[35)]

---

33) 한글대장경『장아함경』, 동국역경원 2002, 66쪽 참조: 勿懷憂悲. 天地人物無 生不 終欲使 有爲不變易者. 無有是處. 我亦先說. 恩愛無常. 合會有離. 身非己有. 命不久存(大正藏 1, 16下).

34) 한글대장경『장아함경』, 105쪽: 今世與後世 梵世諸天人 更不復觀見 人雄釋師子(大正藏 1, 27上).

이 두 문장에서 열반은 전적인 단절의 의미를 가지고 있다.[36] 그러나 누가 절멸하였는가라는 문제는 남는다.

> 나는 지금 자유로우며 편안하고 아늑한 곳으로 간다.[37]

> 습한 것의 흐름은 항상됨이 없어서 단지 흥하고 쇠함의 법에 따른다. 태어난 것은 죽지 않음이 없으니 부처님의 멸도는 즐거운 것이다.[38]

---

35) 한글대장경『장아함경』, 107쪽: 諸佛金剛體 皆亦歸無常 速滅如少雪(大正藏 1, 27上).

36) 아상가(『열반 그리고 표현불가능성: 초기불교의 언어·종교철학』, 도서출판 씨아이알 2006)에 의하면 초기불교는 "사후의 아라한의 존재에 대한 어떠한 형태의 이론화를 단념시킨다. 만일 아라한이 현생에서조차 존재하지 않는다면 어떻게 내생에 대해 논할 수 있겠는가?"(175) 그리고 아라한의 존재는 "생(生)은 다했으며", "이제 후유(後有)를 받지 않는다." 와 같이 비인격적이고 부정적인 표현들 일색이다. 그러나 아상가는 이러한 표현은 인격적인 존재에 대한 긍정적인 언어도 아니지만 인격적 소멸을 주장하는 부정적인 언어 사용도 아니라고 보았다(175). 아상가는 열반과 아라한의 존재 방식에 대한 질문, 즉 "사후에 어떤 일이 일어날 것인가에 대한 궁금증"은 "삶에 집착한 결과"인 동시에 "사후의 절멸가능성에 대한 불안과 좌절의 결과"이라고 진단하였으며, 그에 대한 초기불교의 답변은 언제나 상주론자(常主論者)와 단멸론자(斷滅論者)의 양 극단을 피하여 "오온(五蘊)의 무상(無常), 고(苦), 무아(無我)의 성격에 대한 설득"에 집중되고 있다고 정리하고 있다(175). 그러나 아상가는 열반을 단순히 '멸함', 즉 '삶의 단순한 종말'을 시사하는 것으로 해석할 경우, 그것은 왜 "아라한의 삶이 측정할 수 없는 바다와 비교"되는 가를 설명할 수 없는 문제가 있다고 어려움을 토로하고 있다(172).

37) 한글대장경『장아함경』, 66쪽: 我今自在 到安隱處(大正藏 1, 16下).

38) 한글대장경『장아함경』, 104쪽 이하: 陰行無有常 但爲興衰法 生者無不死 佛滅之爲樂(大正藏 1, 26下).

이 두 문장에서는 그러한 단절이 편안하고 즐거운 것으로 묘사되고 있다.

> 유무 둘 가운데서 나는 이제 유위(有爲)를 버렸으며 마음속으로 오직 삼매(三昧)에 들어가니 마치 새가 알에서 나오는 것 같다.[39]

이 표현에는 새로운 탄생의 의미가 들어 있다.

> 여러 억천만겁(劫) 동안을 위없는 도를 구해 이루셨으니 중생들의 괴로움의 결박을 푸시고 필경에는 적멸에 드시었다.[40]

이 표현에는 붓다의 열반이 단순한 단절의 차원에 그치지 않고, 모든 중생의 구제와 관련되어 있다는 사실을 내포하고 있다. 붓다는 수억만 붓다 중의 하나에 불과하지만, 그 많은 붓다들이 역사적 붓다와 연결되어 있다는 사실을 짐작할 수 있는 것이다.

이처럼 열반의 존재사실이 단정적으로 언표되는 경우는 매우 흔하다. 『나선비구경』에서 밀린다가 열반의 존재에 대하여 묻자, 나가세나는 "그것은 실로 존재합니다." 라고 대답한 바

---

39) 한글대장경 『장아함경』, 68쪽: 有無二行中 吾今捨有爲 內專三昧定 如鳥出於卵(大正藏 1, 17上).

40) 한글대장경 『장아함경』, 106쪽: 於億千萬劫 求成無上道 解群生苦縛 究竟入寂滅(大正藏 1, 27上).

있었다.[41] 불교의 주류사상이 아함부에서 열반부, 화엄부, 법화부, 정토부 등으로 옮겨가고, 승단 역시 소승에서 대승으로 개편되면서 무아설의 취지는 후퇴하고 여래와 보살에 대한 논의가 다시 적극적으로 기술되기 시작하였다. 이러한 현상은 무기설을 근간으로 하는 불교에 브라만 사상이 침투했다고 비판의 대상이 되기도 했다(불교의 베단타화).

붓다의 존재와 깨달음(열반), 그리고 부처님의 나라 등에 대한 직접적이고 적극적인 기술은 본생담(本生譚)인 『자타카』에서도 확인할 수 있다. 여기에서 붓다의 깨달음은 과거세로부터의 수행에 근거하고 있다. 붓다의 과거 수행과 선행이 현세에서 깨달음을 얻게 했다는 점에서 수행 주체의 동일성을 요구한다. 이와 같은 발화에서는 무아설보다는 윤회설이 보다 우위에 있다고 생각할 수 있다.

이로부터 수많은 붇다가 그 이전과 이후에도 존재한다는 이른바 과거불과 미래불 사상이 정립되었으며, 현세의 경우에도 지금 이곳이 아닌 다른 지역, 즉 타토(他土)에도 수없이 많은 붓다가 존재한다는 타토불 사상이 형성되었다. 동방의 아촉불(阿閦佛)과 서방의 아미타불(阿彌陀佛)은 그 대표적인 경우이다. 문제는 이와 같은 기술은 무기와는 판이하게 다르다는 것이다.

원효가 『대반열반경』(36권본)에서 발췌한 구절의 경우에 여래 및 열반의 존재와 비존재를 동시에 긍정하는 화술은 매우 특이하다.

---

41) 王復問那先 審有泥洹無 那先言審有(大正藏 32, 715下-716上).

여래의 몸은 몸이 아니면서 곧 몸이요, 식이 없으면서 곧 식이다. 심을 벗어났으면서도 또한 심을 벗어나지 않고, 처함이 없으면서도 또한 처하고, 집이 없으면서도 또한 집이고(마음에 떠올리는 추상적) 모양[像]도 아니고 (겉) 모양[相]도 아니지만 모든 모양[相]을 장엄하였다.[42]

여래와 열반에 대한 기술은 무기와 방편의 경우에 이처럼 전혀 다르게 나타난다. 우리는 서로 모순되기조차 하는 이렇게 상이한 논의들을 무모순적으로 설명할 수 있는 방법을 찾지 않으면 안 될 것이다.

무아설이나 무기(無記) 그 자체만으로는 어떤 모순도 발생하지 않는다. 따라서 무기는 무아적 주체의 존재 방식에 대한 논란을 피할 수 있는 하나의 방책일 수 있다. 실제로 붓다는 깨달음과 열반에 도움이 되지 않는다는 이유에서 기존의 형이상학적 명제들에 대한 입장 표명을 유보하였다. 따라서 그것을 칸트적으로 구성한다면, 이론적으로 그 존재를 증명할 수도 없으며, 동시에 존재하지 않는다고 부정하거나 반박할 수도 없는 명제들, 즉 초월적 이념에 대한 구획설정 내지는 판단중지일 것이다. 이와 같은 붓다의 태도는 베단타를 비롯한 육사외도 사상과의 비판적인 대결을 통하여 취할 수밖에 없었던 철학적 선택이라고 생각된다. 그러나 이 세상에는 어떤 유형

42) 元曉, 『涅槃宗要』: 如來之身, 非身是身, 無識是識, 離心亦不離心, 無處亦處, 無宅亦宅, 非像非相, 諸相莊嚴 (韓佛全 1, 533上). 혜엄 역, 『대반열반경』(36권본), 大正藏 12, 622下-623上 참조. 김원명, 『원효의 열반론』, 한국학술정보 2008, 187쪽.

의 자아도 존재하지 않는다고 말하는 바로 그 순간 그 언설의 발화자는 수행적 자체모순에 직면하게 된다.

붓다는 해탈과 열반을 최고선으로 추구하는 불교구원론, 즉 불교적 실천이성의 변증론에서 이론적으로 판단중지할 수밖에 없었던 형이상학적 명제들에 관하여 적극적으로 기술하기 시작하였으니, 그것이 곧 방편시설이다. 방편 그 자체는 근본적인 깨달음을 얻기 위한 방책이므로 실천적인 의미를 갖는다고 해석할 수 있다. 그러나 붓다는 특별한 논리적 절차나 구분 없이 무기와 방편을 사용하였기 때문에, 동일한 형이상학적 명제에 대한 그의 서로 다른 두 가지 태도와 발화 내용은 모순 대립적인 관계에 빠질 수밖에 없게 된다.

붓다는 동일한 명제가 한 편으로는 구원과 해탈에 방해된다는 이유에서 회피하였으며(無記), 다른 한 편에서는 그것이 증득에 도움이 된다는 이유에서 시설하였다(方便). 무기와 방편은 무아설과 윤회설 사이에서와 같은 아포리아에 처하게 된다. 그리하여 불교에서의 철학적 진술은 형식적으로는 무기와 방편, 내용적으로는 무아설과 윤회설 사이에서 필연적으로 제기되는 수행적 자체모순의 위기에 직면하게 되었다. 그러나 이 문제는 종교 신앙적인 전통이 선입견으로 작동되면서 변경될 수 없는 진리 사실인 것처럼 여겨져 왔다.

불교에서는 전통적으로 무아설과 윤회설이 무모순적으로 병행할 수 있다는 신념이 주장되어 왔다. 이에 대한 전형적인 논의는 윤호진(『무아윤회문제의 연구, 민족사 1992), 정승석(『윤회의 자아와 무아』, 장경각 1999), 김진(『칸트와 불교』, 철학과현실사 2004 및 『무아윤회 논쟁』, 울산대학교출판부 2004), 그리고 한자경(『불교의 무아론』, 이화여자대학교출판부 2006) 등을 참조할 수 있다.

원론적으로 붓다의 무아설이 육사외도의 부정을 통하여 구축된 이론이라는 사실을 중시한다면, 그것이 어떻게 윤회설과 공존할 수 있는가를 설명할 수 없게 된다. 윤회설을 통하여 구원론적 주체가 담보될 경우에는 아무리 '차이의 반복'(들뢰즈)을 인정하더라도 주체적 근거의 존립 여부에 대한 문제는 해결되지 않은 상태로 남아있기 때문이다.

이를 니르바나(열반)의 문제에 적용할 경우, 직접적 기술의 회피인 무기(無記)와 직접적 기술인 방편 사이에서 오는 차이를 극복할 수 있는 논리적 장치가 요구된다. 붓다의 수기와 서원은 무엇인가? 그것도 하나의 방편인가? 붓다의 수기와 서원이 하나의 방편이라면 연기법과 무기조차도 하나의 방편에 불과한 것인가? 이 경우에 불교철학은 가장 극단적인 포스트모더니즘과 다르지 않을 것이다. 그리고 이 경우 불교는 상충되거나 모순적으로 보이는 수많은 방편들을 그대로 방치하는 것이 된다.

그러나 붓다의 수기와 서원이 방편을 넘어서는 그 무엇이라면 그것을 의미 있게 해석할 수 있는 가능성 조건이 무엇인가를 반성적으로 고찰할 필요가 있다. 필자는 칸트의 요청이론 및 칸트주의적 요청적 사유방법론을 통한 불교 이해가 그와 같은 불교적 아포리아를 의미 있게 해소할 수 있는 하나의 방법일 수 있다고 제안한 바 있다.[43]

2) 방편의 형이상학: 수기와 서원

방편의 형식 가운데 가장 특징적인 것은 수기(授記)와 서원(誓願)이다. 수기와 서원은 발화 사건으로부터 출발하며, 발화 주체는 물론이고 구체적인 발화 내용을 전제하지 않을 수 없다. 다시 말하면 특정한 형이상학적 명제의 존재를 인정하지 않고서는 그것을 언급하자마자 모순에 직면하게 되는 사태에 빠지게 되는 것이다. 수기가 실재적 사실에 대한 언명이라면 서원은 가능적 사실에 대한 언명이다.

첫째로, 수기는 붓다 스스로 특정한 제자(보살)의 미래 성불(成佛) 사건을 확정적이고도 단정적인 방식으로 미리 언급하는 것, 즉 불교에서의 예언이라고 할 수 있다. 여기에서 '기'(vyākaraṇa 記)의 의미가 '대답'이나 '분석', '문법'을 뜻하는 것으로 보아서, 수기는 무기의 대칭적인 개념이라고 보아야 한다. 무기(無記)가 대답을 회피하는 것이라면 수기(授記)는 대답을 주는 것이기 때문이다.

붓다는 사위국에서 우파리 존자에게 미륵아일다(彌勒阿逸多)가 12년 후 죽어서 도솔천에 태어나고 장차 미륵불이 될 것이라는 수기(授記)를 주었으며,[44] 아난[45]과 사리불[46]에게도

---

43) Jin Kim, *Kants Postulatenlehre*. Frankfurt 1988.

44) 『불설관미륵보살상생도솔천경』(大正藏, No.452), 『미륵6부경』, 정의행 역주, 이바지 1998, 19쪽(大正藏 14, 418下).

45) 『불설미륵하생경』(大正藏, No.453), 『미륵6부경』, 정의행 역주, 이바지 1998, 55쪽 이하(大正藏 14, 453上).

46) 『불설미륵대성불경』(大正藏, No.456), 『미륵6부경』, 정의행 역주, 이바지 1998, 91쪽 이하(大正藏 14, 428下).

같은 내용의 수기를 전하였다. 이처럼 수기의 핵심은 특정한 수행 주체가 장차 성불한다는 사실 내용에 있다.

붓다는 사리불에게 이 파타겁(陂陀劫: 현겁) 중에 천 명의 부처가 올 것이지만, 지금은 첫 번째부터 네 번째의 부처님이 출세한 것뿐이고, 보살들이 여러 부처들을 보려면 아촉불국토에 태어나기를 원해야 한다고 전하기도 하였다.[47)]

따라서 고익진 선생이 수기에 대하여 "불교를 신수(信受)하는 사람은 누구나 장차 부처가 될 것이며, 또 마땅히 그렇게 되지 않으면 안 된다는 것을 요청하고 있다."[48)] 라고 해석한 것은 정당하다. 『법화경』(法華經)에서는 수기삼존불(授記三尊佛)로서 석가불, 미륵보살, 제화갈라보살을 들고 있다. 붓다의 수기에는 발화 주체는 물론이고 성불의 주체까지 분명하게 전제되고 있어서, 무기(無記)에서 판단중지 되었던 형이상학적 개념들이 자연스럽게 복원되는 효과를 갖는다.

둘째로, 서원(誓願)은 보살(bodhisattva 菩提薩陀)이 중생을 교화하여 불국토를 이루어내기 위하여 다짐하는 것을 말한다. 불교의식에서 일반적으로 사용되는 사홍서원(四弘誓願)에는 "중생이 가없어도 건지고야 말리라"(衆生無邊誓願度), "번뇌가 끝없어도 끊고야 말리라"(煩惱無盡誓願斷), "법문이 한없어도 배우고야 말리라"(法門無量誓願學), "불도가 위없어도 이루고야 말리라"(佛道無上誓願成)는 내용이 들어 있다.

---

47) 한글대장경 『아촉불국경』, 동국역경원 1998, 28쪽(大正藏 11, 738中).

48) 고익진, 『불교의 체계적 이해』, 새터 1994, 90쪽.

그러나 가장 전형적인 보살의 수행 서원은 “위로는 깨달음을 구하고 아래로는 중생을 교화한다”(上求菩提 下化衆生)는 것이다.[49] 아미타불의 24서원[50]이나 관음보살의 서언(誓言)과 대비신주(大悲神呪),[51] 그리고 의상대사(義相大師)의 「백화도량 발원문」(白華道場發願文)[52]이 대표적이다.

관음의 대비신주를 외우는 자가 삼악도에 떨어지거나 불국토에 나지 않는다면 정각을 이루지 않겠다는 것이나, 아미타불이 자신의 불국토에 지옥, 아귀, 축생이 있거나, 그 국토에 사는 인간과 천신들 가운데 진정한 금빛이 나지 않는 자가 있다면 바른 깨달음을 수용하지 않겠다는 보살의 서원에는 수행 주체와 구제 대상에 대한 분명한 발화 내용이 들어 있다.

여기에서 우리는 서원의 철학적 의미를 되새김질 해볼 필요가 있다. 서원은 신앙을 가진 사람이면 누구든지 할 수 있는 것이다. 그런데 보살의 서원은 매우 특이하다. 그것은 일반들이 중생들이 기복을 발원하는 서원과는 내용이 전혀 다르다. 붓다가 되기 위하여, 그리고 부처님의 나라를 이루기 위하여 발원하는 보살의 서원은 그 자체로서 니르바나적 세계질서가 성립되기 위한 가능성 조건인 동시에 자기 자신의 성불 조건이기도 하다. 그런데 그러한 서원 내용들은 현실적으로 실현

---

49) 고익진, 『불교의 체계적 이해』, 새터 1994, 79쪽 이하 참조.

50) 『불설무량수경』 상권, 한글대장경 『아촉불국경』, 동국역경원 1998, 142쪽 이하(大正藏 12, 267下-269中).

51) 한글대장경 『아촉불국경』, 동국역경원 1998, 12쪽.

52) 김호성, 『천수경의 비밀』, 민족사 2005, 195-198쪽; 『천수경과 관음신앙』, 동국대학교출판부 2006, 233-374쪽.

불가능한 것들이다. 서원이 현실적으로 달성될 수 없고 실현될 수 없는 구조를 가지고 있다면, 보살 역시 부처가 될 수 없고 부처님의 나라 역시 도래할 수 없을 것이다. 이와 같은 관점에서 볼 때 불교에서의 서원은 확실히 칸트에서 최고선의 실현 가능성을 위하여 요청내용들을 상정하였던 것과 같은 논리적 구조를 가지고 있다. 서원은 붓다의 성불 가능성 조건인 동시에 부처님 나라의 실현 가능성 조건인 것이다.

3) 요청명제로서의 열반

부처님의 나라가 수립되기 위해서는 우선적으로 수행 주체와 성불 주체가 요구되지 않으면 안 된다. 이러한 불교 구원론적 주체 개념은 연기법적 무아설과 무기적 태도에 의하여 현상적으로 부정되었으나, 불교의 궁극적 이상을 추구하려는 다양한 형태의 방편들, 특히 수기와 서원의 형식을 통하여 그 객관적 실재성이 부여되고 있다.

그러나 이것은 무기와 수기 사이의 논리적 한계가 명확하게 구분되지 않는 한 그 실질적 의미를 가질 수 없는 문제가 있다. 무기와 수기 사이에서 제기되는 이율배반은 무기를 이론적 이성사용의 규제적 원리로 제한하는 한편, 수기는 붓다의 실천적 변증론에서 필연적으로 요구되는 조건 명제로 해석할 경우에만 무모순적으로 해소할 수 있다. 이 경우에 수기와 서원의 대상 내용으로 제시되는 형이상학적 명제들은 불교의 실천철학적 변증론에서 제기되는 모순을 해소할 수 있는 가능성 조건으로서의 요청명제로 해석할 수 있을 것이다.

다른 한편 수기(授記)의 실현으로 해탈에 도달한 깨달은 자(타타가타)는 그의 수행 목표인 신성성에 도달하였음에도 불구하고, 한편으로는 자기 자신과 세계와의 모든 관계를 전적으로 차단함으로써 그런 상태에 도달할 수 있다는 사실과, 다른 한편으로는 그가 이상으로 추구하는 니르바나적 세계질서는 이 세상의 모든 중생들이 성불할 때까지 그들과 함께 고통을 나누는 자비로운 마음으로 인하여 세계와의 모든 관계를 그대로 유지해야 한다는 사실 사이에서의 모순에 직면하게 된다.

불교에서의 성불 가능성은 칸트에서와는 달리 자율적인 노력을 통하여 도덕적 완전성이나 완전한 깨달음의 경지를 온전하게 성취할 수 있다는 것을 말해주고 있다. 그러나 그가 진정으로 깨달은 자라고 한다면 그는 필연적으로 도달된 신성성과 절대적 행복의 결여 사이에서 제기되는 모순, 즉 동고의 패러독스와 마주치지 않을 도리가 없다.[53)]

그것은 바로 개체적 니르바나 표상으로서의 소승불교의 아라한(Arahat)을 넘어서서 동고적 협력(mitleidende Mitwirkung)을 통하여 무한 자비행을 추구하고 있는 대승불교의 보살(Bodhisattva)이 들어서게 된 결정적인 계기가 되었다. 부처님의 나라 개념은 필연적으로 '니르바나적 세계질서의 무한 확장'(unendliche Erweiterung der nirvanischen Weltordnung)을 요

53) 부처님의 나라와 관련하여 불교의 실천철학적 변증론에서 새롭게 요구되는 이 같은 사실에 대하여 필자는 "해탈을 중심으로 도달된 신성성과 그에 부합되는 행복의 결여 사이에서 제기되는 모순"을 기술한 바 있다. 김진, 『칸트와 불교』, 철학과현실사 2004, 247-250쪽.

구하고 있는 것이다.

보살들이 고통에 함께 참여하는 상호작용에 의해서만 그와 같은 니르바나적 세계질서의 무한확장의 시작이 비로소 가능하게 될 수 있으며, 그것은 현세적 세계질서를 니르바나적 세계질서에 의하여 발전적으로 대체하는 작업이 시작되었음을 알리는 신호가 될 것이다. 마지막 자비일천제의 성불이 이루어지는 그 시점까지 부처님의 나라는 끝없이 확장되어야 하며, 그와 같은 방향으로 부처님의 나라가 전개된다는 사실 자체만으로도 우리는 부처님의 나라가 이루어졌다고 말할 수 있다.

3) 열반공동체로서의 '부처님의 나라'

불교우주론에 의하면 부처님의 나라는 무한장대하다. 그와 같은 우주론은 열반공동체로서의 부처님의 나라를 지향하며, 기세간과 중생의 세간이 성립되는 성겁(成劫)의 시기와 주겁(住劫), 괴겁(壞劫), 공겁(空劫)의 시기로 나아가고, 이로부터 다시 영원한 반복이 이루어진다.[54)]

『세기경』(『장아함경』 18-22장), 『기세인본경』, 그리고 아함교리의 체계서로 알려진 『구사론』에 불교우주론이 서술되고 있다.

성겁의 세계 중 중생이 살아갈 기세간(器世間)이 완성되는데 1소겁의 시간(1,590만 8년)이 걸리고, 욕계(欲界), 색계(色

54) 고익진, 『불교의 체계적 이해』, 새터 1994, 143-145쪽.

界), 무색계(無色界)의 삼계(三界)가 형성되는 데 19소겁이 소요된다. 그 후 중생의 과보에 따라 많은 변화가 일어나는 주겁(住劫)의 시대가 도래한다.

중생의 악업이 심해지면 수명이 10세까지 짧아지고, 1만명 정도의 인류만이 잔존한다(제1소겁). 그 후 선업을 행하여 수명이 8만세까지 증가하지만 악업이 다시 증가하여 수명이 10세로 감소된다(제2소겁). 인간 수명의 증감이 19회가 반복된 후에 다시 8만세로 증가하며, 주겁의 시대는 20소겁 동안 진행된다.

그리고 우주가 파괴되는 괴겁(壞劫)이 시작된다. 중생이 몰락하고 지옥취에서 천신까지 파괴되는데 19겁이 소요된다. 그 후 다시 색계와 재삼선천에 이르는 세계가 멸절된다(20소겁).

괴겁 후에는 허공만이 존재하는 공겁(空劫)이 20소겁 동안 지속되며, 그 후 다시 중생들의 업력에 의하여 세계는 끝없이 반복된다. 20소겁을 1중겁, 4중겁을 1대겁이라 하고, 한 세계는 1대겁을 주기로 하여 생성소멸을 거듭한다.

성주괴공의 우주생성은 하나의 세계에서만 일어나는 것이 아니라, 무한한 우주세계에서 동시에 진행된다. 우주 안에 있는 1천세계를 합하여 1소천(小千)세계라 하고, 그 1천배를 1중천(中天)세계라 하고, 다시 그 1천배를 1대천(大千)세계라 한다. 이 소천 · 중천 · 대천을 삼천대천세계(三千大千世界)라 하여 한 부처님이 지배하는 세계의 단위가 된다. 이와 같은 삼천대천세계가 강가의 모래알처럼 이루 헤아릴 수 없을 정도로 많이 존재한다.

이와 같은 불교 우주론에 의하면 부처님의 나라 역시 영원한 것이 아니다. 그러나 불교의 시간 개념 자체가 너무나 거대한 구조를 가지고 있어서, 부처님의 나라를 영원 그 자체와 동일하게 생각한다고 해서 문제될 것은 전혀 없다.

부처님의 나라에 대한 적극적인 기술은 아미타의 서방불국토와 아촉(阿閦)의 동방불국토, 미륵의 도솔천과 용화세계, 관음보살의 불국토 사상에서 발견할 수 있다. 아미타불과 미륵 부처님의 나라는 이제 더 이상 부정적이고 소극적인 기술에 머무르지 않으며, 힌두교 전통에서의 신적 세계질서나 유대-기독교적 전통에서의 하느님의 나라와 마찬가지로 매우 활발하고 역동적인 묘사로 가득 차 있다.

물론 연기설이나 무아설 등이 전제되고 있기는 하지만 이들 부처님의 나라에서 붓다, 니르바나, 보살 등의 개념은 적극적인 일상 언어와 같은 방식으로 통용되고 있다. 『반야경』에서 반야바라밀은 붓다의 본신(本身)인 동시에 법신(法身)이다. 그러나 『법화경』에서의 법신은 부단하게 중생을 교화하는 구원불(救援佛)의 모습으로 나타나고 있다.

1) 아미타불의 서방정토

아미타불과 아촉불의 불국토론은 열반공동체로서의 부처님의 나라를 보여주고 있으며, 역사적 불교신앙의 요소들은 언제나 이미 도덕적 수행을 전제하고 있다는 사실을 확인할 수 있다. 수행 주체들이 참여할 수 있는 니르바나적 세계질서 역시 언제나 이미 방편과 서원의 형태로 제시되어 있다.

불교의 정토(淨土) 사상에서 가장 대표적인 것은 미타의 서방정토, 미륵의 도솔천정토, 약사여래의 유리광정토 등이다. 오랜 과거세에 세자재왕불의 감화를 받은 법장(法藏)이 210개의 많은 국토에서 훌륭한 나라를 택하여 이상국을 건설하기로 기원하면서 48개의 서원(誓願)을 세워 성불하기를 소원하였으니, 그가 바로 10겁 전에 성불하였던 아미타불(阿彌陀佛 Amitābha, Amitāyus Buddha)이다. 무량수불(無量壽佛) 또는 무량광불(無量光佛)이라고도 한다.

후진(後秦)시대의 삼장법사 구마라집(鳩摩羅什)이 402년에 장안(長安)의 소요원(逍遙園)에서 번역하였던 『불설아미타경』(佛說阿彌陀經, Sukhāvatī(amta)vyūhasūtra, 1권. K-192, T-366)은 『무량수경』, 『관무량수불경』과 함께 정토삼부경의 하나이며, 『아미타경』, 『소무량수경』(小無量壽經), 『소경』(小經), 『미타경』(彌陀經), 『호념경』(號念經) 등의 별칭을 가지고 있다. 구마라집(鳩摩羅什)이 번역한 『아미타경』(阿彌陀經)은 산스크리트 원전에 가장 가까운 것으로 평가되고 있으며, 문장이 간결하고 유려하여 우리나라와 중국, 일본에서 독송되어 왔다. 중국에서는 승조(僧肇)·지의(智顗)·규기(窺基)·지욱(智旭)·주굉(袾宏)이, 한국에서는 자장·원측·원효·경흥·현일·도륜·태현·원전 등이 주석서를 내었으나, 원효의 『아미타경소』(阿彌陀經疏) 1권만이 현존하고 있다. 이역본으로 현장이 번역한 『칭찬정토불섭수경』(稱讚淨土佛攝受經)이 있다.

『불설아미타경』(佛說阿彌陀經)은 기독교의 천국을 방불케

하는 불국토의 세계를 기술하고 있다. 이 경전은 서쪽으로 10만억 국토를 지난 곳에 위치하고 있는 극락정토의 장엄함과 아미타불을 설하고 있다.

> 서쪽으로 십만억 불국토를 지나면 극락이라고 불리는 세계가 있으며, 그 곳에 아미타 부처님이 지금 현재 설법하고 계시다. [...] 그 국토의 중생은 모든 고통이 없이 즐거움만 받기 때문에 극락이라고 하는 것이다.[55]

> 저 세계 안에 있는 모든 유정들은 몸과 마음에 근심과 고통이 전혀 없고 오직 한량없이 청정한 기쁨만이 있기 때문이다.[56]

서방세계(西方世界)에는 무량수불(無量壽佛), 무량상불(無量相佛), 무량당불(無量幢佛), 대광불(大光佛), 대명불(大明佛), 보상불(寶相佛), 정광불(淨光佛) 등 항하사(恒河沙)처럼 많은 부처님들이 각기 그 국토에서 삼천대천세계(三千大千世界)[57]

---

55) 한글대장경『아촉불국경 외』, 동국역경원 1998, 442쪽; 從是西方過十萬億佛土有世界 名曰極樂 其土有佛 号阿彌陀 今現在說法 [...] 其國衆生 無有衆苦 但受諸樂 故名極樂(大正藏 12, 346下).

56) 현장(玄奘) 역,「칭찬정토불섭수경」(稱讚淨土佛攝受經), 한글대장경『아촉불국경 외』, 동국역경원 1998, 447쪽.

57) 불교 우주론에 의하면 해와 달(日月), 수미산(須彌山), 타화자재천(他化自在天), 범천(梵天) 등을 포함한 세계를 일세계(一世界)로 하여, 이것이 천 개가 모인 것을 소천세계(小千世界)이라 하고, 소천세계가 천 개 모인 것을 중천세계(中千世界)라 하며, 그것이 다시 천 개 모인 것을 대천세계(大千世界)라고 하는데, 이 소(小), 중(中), 대(大)의 천세계(千世界)를

를 두루 덮을만한 참되고 진실한 말씀을 전하고 있다.

그런데 서방의 극락 국토만 있는 것이 아니고, 동방, 남방, 북방, 하방, 상방의 세계에도 그와 비슷한 극락 국토들과 부처님들이 존재하고 있다(六方諸佛).

동방세계(東方世界)에는 아촉비불(阿閦鞞佛), 수미상불(須彌相佛), 대수미불(大須彌佛), 수미광불(須彌光佛), 묘음불(妙音佛) 등이 있다.

북방세계(北方世界)에는 염견불, 최승음불, 난저불, 일생불, 망명불 등이 있다.

남방세계에는 일월등불(日月燈佛), 명문광불(名聞光佛), 대염견불(大焰肩佛), 수미등불(須彌燈佛), 무량정진불(無量精進佛) 등이 있다.

하방세계(下方世界)에는 사자불(師子佛), 명문불(名聞佛), 명광불(明光佛), 달마불(達摩佛), 법당불(法幢佛), 지법불(持法佛) 등이 있다.

상방세계(上方世界)에는 범음불(梵音佛), 숙왕불(宿王佛), 향상불(香上佛), 향광불(香光佛), 대염견불(大焰肩佛), 잡색보화엄신불(雜色寶華嚴身佛), 바라수왕불(娑羅樹王佛), 보화덕불(寶華德佛), 견일체의불(見一切義佛), 여수미산불(如須彌山佛) 등이 있다.

이들 부처님들 모두가 중생들로 하여금 이 『아미타경』을 믿

삼천대천세계(三千大千世界)라 한다(釋曉鸞, 『淨土三部經講說』 하권, 반야회 2001, 188쪽). 거기에다가 육방(六方)에 퍼져 있는 부처님의 수가 큰 강변의 모래알처럼 많은 것을 생각한다면 불교의 세계 기술이 얼마나 광대무변한 가를 짐작할 수 있다.

도록 설하고 있다는 것이다. 그리하여 어떤 사람이 아미타불의 국토에 태어나기를 발원하였거나 지금 발원하거나 앞으로 발원하게 되는 믿음을 가진다면 그는 마땅히 불국토에 태어나게 되는 것이다.

한편 『대경』(大經)으로 불리는 『불설무량수경』(佛說無量壽經, Sukhāvatīvyūhasūtra, K-26, T-360)은 조위(曹魏)시대(252년)에 강승개(康僧鎧 또는 僧伽跋摩, Saghavarman)가 번역하였는데, 법장보살이 모든 중생을 구제하기 위하여 48가지의 서원을 세우고 영겁 동안 수행하여 아미타불국토를 이룩한 사실이 기술되어 있다. 특이한 것은 과거 부처님의 역사와 이름들이 구체적으로 열거되고 있다는 점이다.

> 일찍이 멀고 먼 과거, 한량없고 불가사의하고 헤아릴 수 없는 겁 이전에 정광(錠光) 여래께서 세상에 출현하셨다. 한량없는 중생들을 교화하시고 제도하시고 해탈시켜 모두 부처님의 도(道)를 얻게 하거나 멸도(滅道)를 취하게 하셨다. 그 다음을 이어서 여래가 계셨으니, 명호가 광원(光遠)이라고 하였다. 그 다음에 월광(月光)이라 하였고, 그 다음은 전단향(栴檀香)이라고 하였다. [...] 그리고 그 다음에 부처님이 계셨으니, 명호가 세자재왕(世自在王) 여래 · 응공(應供) · 정등각(正等覺) · 명행족(明行足) · 선서(善逝) · 세간해(世間解) · 무상사(無上士) · 조어장부(調御丈夫) · 천인사(天人師) · 불세존(佛世尊)이라 하였다.[58]

---

58) 한글대장경 『불설무량수경』, 『아촉불국경 외』, 동국역경원 1998, 136쪽 이하(大正藏 12, 266下).

그 다음에 법장보살이 출현하여 성불했으니 그가 바로 아미타불이다. 아미타불국토의 수명은 42겁이고, 법장비구는 이백십억이나 되는 여러 부처님의 오묘한 국토에서의 청정한 행을 모두 수용하였다.59)

『아미타경』과 함께 후한(後漢)시대의 지루가참(支婁迦讖, Lokakema)이 147년에서 186년 사이에 번역한 『아촉불국경』(阿閦佛國經, Akobhyatathāgatasyavyūhasūtra, K-27, T-313)에서도 불국토 사상이 펼쳐지고 있다. 아촉불국토는 칠보로 이루어져 있고, 니리(泥犁: 지옥), 금수(禽獸: 축생), 벽려(薜荔: 아귀)의 삼악도(三惡道)가 없으며, 풍(風)병과 냉병[寒]과 기(氣)병이 없으며, 사악함과 음욕과 어리석음이 없으며, 모든 사람들이 선한 일만 하고, 땅을 밟으면 들어갔다가 다시 나오는 식으로 매우 푹신하며, 생각만 해도 음식이 저절로 나타나지만 아무도 음식에 탐하지 않는 이상세계이다.60)

이 불국토에서는 단 한 번만 아촉불의 설법을 듣더라도 아라한이 될 수 있으며, 금·은·유리로 만들어진 계단으로 도리천에 올라갈 수 있다. 따라서 부처님은 제자들에게 계(戒)를 줄 필요가 없으며, 제자들 역시 함께 수행하지 않더라도 혼자서 여러 가지 선한 일을 즐기면서 실행에 옮긴다.61) 보살들은

---

59) 한글대장경 『불설무량수경』, 『아촉불국경 외』, 동국역경원 1998, 142쪽(大正藏 12, 267下).

60) 한글대장경 『아촉불국경』, 동국역경원 1998, 16-17쪽(大正藏 11, 755下).

61) 한글대장경 『아촉불국경』, 동국역경원 1998, 25쪽(大正藏 11, 757中).

단지 “나는 아촉불국토에 태어나야 하겠다.” 라고 서원하면 그곳에 태어날 수 있다. 이와 같은 부처님의 나라는 사방 육방에 걸쳐서 존재하고 있다.

아촉불(阿閦佛)은 동방 불국토를 주재하는 부처님이고, 아미타불은 서방 불국토를 주재하는 부처님이다. 그런데 여기에서 주의할 것이 있다. 아촉불과 마찬가지로 아미타불이 된 법장비구 역시 이백십억이나 되는 여러 부처님들의 국토에서 청정한 수행을 모두 수용한 사실이다.62) 이것은 어떻게 해석될 수 있는 것일까? 아촉불이나 아미타불이 부처가 되기 위하여 서원한 내용들, 그것은 바로 불국토, 즉 부처님의 나라가 성립될 수 있는 가능성 조건들에 다름 아닐 것이다. 따라서 법장의 서원은 서방정토의 존립 조건이고, 아촉불의 서원은 동방 정토의 존립 조건이다. 아촉이나 법장의 서원은 그 자신들의 수행 조건으로서 깨달은 자가 되기 위한 험난한 노정을 그대로 보여주고 있다. 여기에는 자력종교로서의 불교의 이상이 구현되어 있다.

그 국토에는 지옥 아귀 축생이 없어야 하며 누구도 삼악도에 떨어져서는 안 되고, 신들과 모든 인간들이 금빛을 내야하며, 신족(神足)을 가지고 순간이동을 해야 하며, 모든 이가 아미타의 이름만으로도 보리심을 일으켜야 하고 부처님의 도를 성취해야 한다는 것 등이 그 중요 내용들이다.63) 이 중에서 가

---

62) 『불설무량수경』 상권, 한글대장경 『아촉불국경 외』, 동국역경원 1998, 142쪽(大正藏 12, 267下).

63) 『불설무량수경』 상권, 한글대장경 『아촉불국경 외』, 동국역경원 1998, 142-148쪽(大正藏 12, 267下-269中).

장 중요한 것은 열여덟 번째의 십념왕생원(十念往生願)으로서 단 한 번만이라도 아미타불국토에 왕생할 것을 염원하면 이루어진다는 내용이다. 법장비구가 서원 수행을 한 것과는 대조적으로 중생들은 그저 아미타불의 이름만 외어도 구제받을 수 있다. 이것은 오직 법장의 원력에 의한 것으로서 중생들에게는 서방정토에 보다 쉽게 도달할 수 있게 되었다.

이로써 수행 정진을 통하여 깨달음을 얻어야 한다는 소승불교의 자력적인 신앙은 일심가진 자의 발원만으로도 불국토에 왕생한다는 대승불교의 타력적인 신앙으로의 급격한 변화를 보이고 있다. 아미타불에 대한 신앙은 기독교의 구원 신앙과 크게 다르지 않다. 따라서 칸트가 기독교 신앙에서 관찰하였던 동일한 내용의 실천철학적 변증론이 적용될 수 있다.

이와 함께 서원의 내용이 칸트에서의 도덕신앙의 내용과 유사하기 때문에 아미타의 염불신앙은 도덕적 수행을 전제하고 있다고 해석할 수도 있다. 이처럼 아미타신앙에서는 열반의 형이상학이 적극적으로 개진되고 있으며, 부처님 나라의 무한 확장이 주제화되고 있다는 사실을 확인할 수 있다.

2) 미륵불의 도솔천과 용화세계

미륵사상은 기독교에서의 '오시는 하느님' 사상과 유비적이다. 미륵불이 현재 계신 도솔천이나 앞으로 그가 현세에 다시 오게 될 용화세계 역시 열반공동체로서 부처님 나라의 무한확장을 보여주고 있다.

미륵불(彌勒佛, Maitreya-Buddha)[64]은 석존으로부터 미래에 성불할 것이라는 수기를 받은 후에 도솔천에서 천인(天人)들을 교화하고 있으며, 석존 입멸 후 56억 7천만 년이 지나면 현세에 출현할 예정이다. 미륵은 현겁(賢劫)에 출현할 일천불(一千佛) 가운데서 석존 다음에 성불하게 될 다섯 번째 부처님이기 때문에 미래불(未來佛)로 지칭되기도 한다. 석가는 사위국에 있을 때 미륵아일다(彌勒阿逸多)에게 12년 후에 죽어 도솔천에 태어나고 장차 미륵불이 될 것이라는 수기(授記)를 주었다.

미륵신앙의 표준이 되는 사상은 미륵삼부경, 즉 『미륵대성불경』, 『미륵하생경』, 『미륵상생경』에서 살펴볼 수 있다.

『불설미륵대성불경』(佛說彌勒大成佛經, 1권. K-195, T-456)은 후진(後秦)시대(402년)에 구마라집(鳩摩羅什)이 장안(長安)에서 번역하였으며 『미륵성불경』으로도 불리고 있다. 이 불경은 『미륵하생경』(彌勒下生經, K-197, T-453)이나 『미륵하생성불경』(彌勒下生成佛經, K-198, T-454)과 내용적으로 거의 동일하며, 이역본으로 『미륵하생성불경』(K-199, T-455), 『불설미륵래시경』(佛說彌勒來時經, K-196, T-457) 등이 있다.

『미륵하생경』(彌勒下生經, K-197, T-453)은 서진(西晋)시대(303년)에 축법호(竺法護, Dharmaraka)가 번역하였으며, 『관미륵보살하생경』, 『관미륵하생경』, 『미륵당래하생경』, 『미륵성불경』으로도 불린다.

64) 미륵불은 매달려야(梅呾麗耶), 매달례야(昧怛隷野), 자씨(慈氏), 아일다(阿逸多), 무승(無勝), 막승(莫勝)으로 불리기도 한다.

『불설관미륵보살상생도솔천경』(觀彌勒菩薩上生兜率天經, K-194, T-452)은 유송(劉宋)시대(455년)에 저거경성(沮渠京聲)이 종산(鍾山)의 죽원사(竹園寺)와 정림상사(定林上寺)에서 번역하였으며, 『관미륵상생경』, 『관미륵상생도솔천경』, 『미륵상생경』, 『상생경』으로도 불린다.

그 밖에 후위(後魏)시대(508년에서 535년 사이)에 보리유지(菩提流支 Bodhiruci)가 낙양(洛陽)의 영영사(永寧寺)에서 번역한 『미륵보살소문경론』(彌勒菩薩所問經論, K-551, T-1525)이나 서진(西晋)시대(303년)에 축법호(竺法護 Dharmaraka)가 번역한 『미륵보살소문본원경』(彌勒菩薩所問本願經, K-51, T-349)이 있다.

미륵 계열 경전들 가운데서는 가장 먼저 성립된 것으로 추정되는 『미륵대성불경』 또는 『미륵성불경』에서 미륵이 현재 거하고 있는 도솔천과 다시 세상에 태어날 용화세계의 장엄한 모습에 대한 적극적인 묘사와 기술이 관찰되며, 이러한 사실들은 붓다의 무기(無記)를 무색하게 한다. 도솔천에 태어나기를 염원하는 사상을 미륵상생사상이라고 하고, 미륵이 현세에 와서 이룩하게 될 용화세계에 대한 신앙을 미륵하생사상이라고 한다.

미륵상생사상은 우파리(優波離)가 아일다(阿逸多)의 미래에 관하여 질문하자 붓다는 미륵이 12년 후에 죽어 도솔천에 날 것이라고 한데서 비롯되었다. 『미륵상생경』은 수많은 천신들이 미륵보살을 위하여 궁전을 짓고 보배로 장식하며, 모든 것이 빛을 발하고 소리를 내는 등 도솔천의 장엄함에 대하여 설하고 있다. 사람들이 이 도솔천에 왕생하려면 계율을 잘 지키고 일념으로 미륵보살의 이름을 불러야 한다.

미륵의 세계는 불교의 나라 개념을 잘 반영하고 있다. 칠보(七寶)와 밝게 빛나는 구슬과 형형색색의 향화(香華)와 향산(香山)과 병을 낫게 하는 깨끗하고 맛있는 물 등과 같이 자연적인 아름다움은 물론이고 땅이 안온하고 도둑이 없어 문을 잠그지 않으며 늙어지는 고통과 물과 불의 재앙과 전쟁과 기근과 독으로 해침을 당하는 재앙이 없으며, 모든 이가 미륵의 자비로운 마음의 가르침을 받아서 항상 공경하고 화순(和順)하여 마치 자식이 부모를 공경하고 어머니가 아들을 사랑하는 것과 같은 세상이다.

미륵부처님의 나라가 오는 그때 인간의 수명은 8만 4천세에 이르고 여자들은 5백세가 지나야 결혼한다. 사람들의 마음은 모두 어질고 착하여 서로 화합하는 것이 마치 하늘나라에서와 같다고 하였다. "미륵불의 나라에서는 깨끗한 가르침을 받아 아첨이나 거짓이 없고, [...] 집착도 없는 경지를 얻을 수" 있으며, "열 가지 원[十願]으로서 대장엄을 이루어 일체 중생은 유연한 마음[柔軟心]을 일으킬 수" 있는 것이다.[65]

또한 미륵의 나라는 도솔천에 그치지 않는다. 미륵불은 용화세계에 하생하여 성불한 후에, 용화삼회(龍華三會)로 잘 알려진 세 차례의 설법을 통하여 수많은 중생들을 구제한다. 미륵부처님은 용화세계의 첫 번째 설법으로 96억의 사람들에게

65) 「불설미륵대성불경」, 한글대장경 『아촉불국경 외』, 동국역경원 1998, 458쪽(大正藏 14, 429上).

번뇌를 끊고 아라한이 되게 하였으며, 두 번째 법회에서 사성제와 십이인연을 설법하여 94억의 사람들이 아라한이 되고 64억의 사람들이 불퇴전의 경지에 도달하게 하였다. 그리고 세 번째 법회에서 92억의 사람들이 아라한이 되게 하였으며 34억의 천룡팔부가 깨달음을 얻게 하였다.

미륵부처님은 "모든 사람들이 다 부처의 몸과 같게 하고 여러 가지 신통한 힘으로 한없이 변화하게 하고, 인연이 있는 이는 다 해탈을 얻게" 할 것이다.66)

미륵부처님뿐만 아니라 마하가섭 역시 부처의 위신력을 받아 범음(梵音)으로 설하니 80억의 사람들이 아라한이 되고 무수한 천인들이 보리심을 일으켰다.67)

미륵은 마하가섭을 가리켜 말하기를, 그는 "석가모니 부처님께서 대중 가운데서 두타제일이며 선정과 해탈과 삼매에 통달한 이라고 칭찬하시던 사람"으로서, "신통력을 가지고 있었으나 교만함이 없었으며 중생들로 하여금 기쁨을 갖게 하고 항상 천하고 가난한 중생을 불쌍히 여겼느니라." 라고 찬탄하였다.

이에 대하여 마하가섭은 "두타행은 보물 창고요, 지계(持戒)는 감로로다. 두타행을 하면 반드시 불사(不死)의 땅에 이르고 계를 지키면 하늘에 태어나고 열반의 기쁨을 얻는다." 라는 게송으로 답하였다.68)

---

66) 「불설미륵대성불경」, 한글대장경 『아촉불국경 외』, 동국역경원 1998, 471쪽 이하(大正藏 14, 432下).

67) 「불설미륵대성불경」, 한글대장경 『아촉불국경 외』, 동국역경원 1998, 477쪽(大正藏 14, 433下)

미륵불의 '나라' 개념은 도솔천이라는 타방세계뿐만 아니라 현 세계의 터전 위에서도 용화세계, 즉 니르바나적 세계질서를 구축하려는 점에서 매우 특징적이다. 미륵신앙은 단 한 번의 설법으로 90억 이상의 사람들이 순식간에 성불하는 것으로 볼 때, 열반공동체의 무한확장이 주제화되고 있음을 다시 한 번 확인하게 된 셈이다.

3) 비로자나불의 화엄성기 세계

비로자나불(毘盧遮那佛, vairocana)[69]의 화엄세계는 법신(法身), 즉 부처님의 신광(身光)과 지광(智光)이 이사무애(理事無礙)의 법계에 두루 비추는 사실에서, 세상의 모든 것이 결국 그의 화현이라는 의미에서 서양의 범신론(汎神論) 사상과도 비견될 수 있는 범불론(汎佛論) 사상이라는 점에서 특징적이다. 여기에서는 우주 삼라만상이 곧 부처님 그 자신이라는 생각이 가능하다.

우리는 비로자나불에 대한 텍스트를 화엄사상에서 찾아볼 수 있다. 가장 완성도 높은 화엄경전은 대방광불화엄경(大方廣佛華嚴經, avatasakasūtra, 80권본, K-80, T-279)이다. 이 경전은

---

68) 「불설미륵대성불경」, 한글대장경 『아촉불국경 외』, 동국역경원 1998, 478쪽(大正藏 14, 434上)

69) 비로사나(毘盧舍那), 비로절나(鞞嚧折那), 폐로자나(吠嚧蔗那), 로사나(盧舍那), 자나(蔗那)라고도 쓰며, 변일체처(遍一切處), 광명변조(光明遍照), 변조(遍照) 등으로 번역되었다. 천태종에서는 마하비로자나(摩訶毘盧遮那, Mahāvairocana)를 변일체처(遍一切處), 그리고 밀교에서는 대일(大日)이라고 번역하였다.

당(唐)의 측천무후의 요청에 의하여 파송된 실차난타(實叉難陀, Śikānanda)가 695년에 동도(東都)의 변공사(遍空寺)에서 번역을 시작하였으며 699년에 낙양(洛陽)의 불수기사(佛授記寺)에서 완성하였다.

이 경전에서는 부처님의 깨달음이 7처9회(七處九會: 80권본) 또는 7처8회(七處八會: 60권본)의 형태로 시설되었다. 부처님이 보리수 아래서 바른 깨달음을 이룬 자리에 그대로 앉아서 설법하신 내용을 담고 있으며, 처음 두 차례는 지상에서 이루어지고, 그 다음부터는 천상에서 행하여졌으며, 다시 마지막 두 차례는 지상에서 이루어진다. 이처럼 설법은 모임의 장소가 하늘세계로 상승했다가 다시 지상으로 내려오는 방식을 통하여 부처님의 교화가 지상과 하늘에서 동시에 이루어진다는 사실을 시사하고 있다.

중요한 주석서로는 당나라 때 법장(法藏: 643-712)이 687년에서 695년 사이에 저술하였던 『화엄경탐현기』(花嚴經探玄記 K-1513, T-1733)와 730년 이전에 이통현(李通玄)이 저술한 『신화엄경론』(新華嚴經論 40권. K-1263, T-1739)이 있다.

비로자나불과 우주 만유의 관계를 가장 잘 드러내는 용어는 바로 화엄종에서의 성기(性起)이다. 이는 『화엄경』의 중심사상이기도 하다. 성기는 우주 만유가 항상불변(恒常不變)하는 본성으로부터 일어나는 것을 뜻한다. 성(性)은 부처님이 깨달으신 것으로서 변하지 않는 본체를 뜻하며, 기(起)는 그것이 중생에게 일어나는 작용을 의미한다. 따라서 화엄사상에서는 중생, 국토, 우주 만유 모두가 성기이다. 『화엄경』에서 기술하고 있는 부처님의 세계 영역, 즉 법계(法界)는 10억 개의 태양계로 이루어져 있다고 한다.70) 그러나 이 역시 한정적이고 제약적이다. 법계는 무한하며, 측량할 길조차 막막하기 때문이다.

> 불자여, 어떤 사람이 억 나유타71) 세계를 부수어 티끌을 만들고 한 티끌을 한 세계라 하며, 다시 그러한 티끌 수의 세계를 모두 부수어 티끌을 만들어서, 그런 티끌들을 왼 손에 들고 동방으로 가면서, 그와 같은 티끌 수 세계를 지나가서 한 티끌을 떨어뜨리고, 그런 방식으로 동방으로 가기를 이 티끌이 다하도록 하고, 또 남방·서방·북방과 네 간방과 위와 아래로도 그렇게 하였다 하고, 이와 같이 시방(十方)에 있는 세계들을 티끌을 떨어뜨린 것이나 떨어뜨려지지 않은 것이나 모두 모아서 한 부처님의 국토를 만든다 하면, 보수여, 그대는 이를 어떻게 생각하는가.72)

이처럼 무수한 숫자의 무제한적 크기를 가진 세계가 부처님의 한 터럭 속에 모두 들어가고, 한 터럭만한 것이 일체세계에

---

70) 츠앙, 까르마, 『화엄철학』, 이찬수 역, 경서원 1997, 29쪽.

71) '나유타'는 불교의 천문학적 수 개념의 한 단위이다. "천만을 일 구지(俱胝, koti)라 하고, 구지의 구지를 일 아유타(阿庾多, ayuta)라 하고, 아유타의 아유타를 일 나유타(那由他, niyuta)라 하며, 나유타의 나유타는 일 빈바라(頻波羅, binbara, 0이 75개 붙은 수)이다. 이런 등비수열을 124번 이상 계속하게 되면 '말할 수 없음의 말할 수 없음 제곱'(不可說 不可說轉)이 된다. 츠앙, 『화엄철학』, 43쪽 참조.

72) 『화엄경』 80권본 2, 한글대장경, 동국역경원 1989, 426쪽 이하에서 약간 변형하였음(大正藏 10, 247中).

들어간다는 중중무진(重重無盡)의 세계가 바로 화엄법계의 특징이다. 이와 같은 이사무애(理事無碍)와 사사무애(事事無碍)의 원리는 우주와 원소, 삼세(三世)와 순간 등 모든 관계 총체성에 그대로 적용된다.

하나의 세계를 티끌로 부수고, 그 티끌 하나하나로 끝없는 세계를 만들었다고 생각하는 것으로 끝나는 것이 아니다. 그 무한광대한 모든 세계들이 하나의 티끌 속에 다시 들어간다는 사실이 화엄형이상학의 특징이다. 그런 장관을 연출하는 것이 바로 비로자나불이다. 다케우치 쇼코(武內紹晃)가 화엄경의 비로자나불을 "시방편만불(十方遍滿佛)로서 보편적이며 무한정적인 불타"라고 규정한 것은 바로 그 때문이다.[73] 이것은 시방에 여러 부처들이 편만해 있다는 의미가 아니라, 비로자나불이라는 하나의 부처가 시방에 편만해 있다는 것을 뜻한다. 그리하여 츠앙은 이렇게 말한다.

> 총체성의 원통무애(圓通無碍)는 바로 이 부처의 몸이 이(理)이면서도 사(事)이기도 하다는 것이다. 그것은 하나이자 또한 여럿이고, 머무는 자이자 또한 머물게 하는 세상이다. 가르치는 사람이자 가르쳐지는 법이다. 이것과 동일하고 저것과도 동일하며, 유정(有情)과 똑같고 무정(無情)과도 똑같은 것이다. 그것은 깊고 또한 거대하다. 원인일 뿐만 아니라 결과이다. [...] 이것은 참 비로자나불의 몸이 거대한 법계 자체임을 말해주는 것이다. 그것과 별개

73) 平川彰 외, 『대승불교개설』, 김영사 1984, 219쪽.

인 것은 아무 것도 없다. 법계의 몸이 포용하는 데서 벗어나는 것은 아무 것도 없으므로, 모든 존재들과의 동시적 일치를 정당화하기 위한 신적인 계시는 필요 없다.[74]

화엄사상에서 총체성의 원융무애(圓融無碍)를 상징적으로 드러내는 비로자나불은 우주, 법계가 바로 부처의 몸이라는 사실을 말해주고 있다. 불교에서 비로자나불은 법신이자 법계 그 자체로서, 이는 스토아철학자들이나 스피노자가 신을 자연 그 자체와 같은 것으로 인식했던 것과 유사한 사유 행태라고 볼 수 있다. 화엄의 성기세계는 더 이상 무기(無記)일 수 없으며, 우리 앞에 펼쳐진 현실 세계가 바로 부처님이라는 사실을 강조하고 있는 것이다.

4) 관음보살의 불국토

관음보살의 불국토 사상 역시 열반공동체로서의 부처님 나라의 무한확장을 적실하게 보여주고 있다. 관음사상에서 부처의 깨달음은 역사시간을 초월한다.

관음보살의 불국토 사상은 법화사상의 주류를 이루고 있으며, 『정법화경』(正法華經, Saddharmapuarīkasūtra, K-117, T-263)과 「묘법연화경』(妙法蓮華經, Saddharmapuarīkasūtra, K-116, T-262)에서 찾아볼 수 있다. 『정법화경』은 서진(西晋)시대에 축법호

---

74) Cheng Kuan, *A Prologue to Hwa Yen, Hwa Yen Su Chao*, Taipei 1966, p. 71. 츠앙, 까르마, 『화엄철학』, 273쪽 이하.

(竺法護)가 286년에 장안(長安)에서 번역한 것으로서 전체 27품으로 이루어져 있으며, 한역 3본 가운데 가장 먼저 번역되었으며 가장 상세하다.

후진(後秦)시대에 구마라집(鳩摩羅什)이 405년에 장안(長安)의 소요원(逍遙園) 또는 406년에 대사(大寺)에서 번역한 것으로 추정되는 『묘법연화경』과 품의 명칭은 다르지만 내용상으로는 거의 동일하다. 「묘법연화경』은 『법화경』, 『묘법화경』(妙法華經), 『신법화경』(新法華經)으로 불리기도 한다. 이 경전의 이름은 "무엇보다도 바른 백련(白蓮)과 같은 가르침"이란 뜻을 가지고 있다. 진흙 속에서 청정무구하게 피어난 흰 연꽃은 사상적으로 가장 탁월하다는 사실을 암시하고 있다.

관음보살에 대한 기술은 다음과 같다. 부처님은 왕사성(王舍城)의 영취산(靈鷲山)에서 큰 비구 만이천명과 함께 일체의 집착과 구속으로부터 벗어나서 무극(無極) 열반을 얻는다.[75] 세존은 석씨가문에서 태어나 나라와 왕위를 버린 채 보리수 아래서 최정각을 성취하였다고 하나, 사실은 말로 표현할 수 없는 시간 이전에 깨달음을 얻었다.[76] 또한 보살 팔만명도 무상정진도(無上正眞道)를 터득하여 몸으로 항상 자비를 실행하고 부처의 지혜에 들어가 방편을 써서 중생을 제도하였다. 이들이 터득한 경

75) 한글대장경 『정법화경』 제1권, 동국역경원 1996, 15쪽(大正藏 9, 63上).

76) 어떤 곳에서는 부처가 "무수 백천억 나술해겁"(『정법화경』, 「여래현수품」, 302쪽), "한량없는 백천만억 나유타겁"(『첨품묘법연화경』, 「여래수량품」, 644쪽) 이전에 성불했다고 기록되기도 한다.

지는 일체법을 환(幻), 화(化), 아지랑이[野馬], 메아리나 그림자처럼 여겨 실체가 있을 만한 법이 없기 때문에 머무를 바도 없으며, 처음과 끝[始終]을 보지만 아무런 오고 감[去來]이 없으며, 색상(色像)을 보지만 어떤 형체도 없기에 기멸(起滅)도 없다는 깨달음의 차원이다.[77] 이와 같은 부처님과 여래의 존재 특성에 대하여 보다 구체적인 기술 내용을 발견할 수 있다.

"여래는 모든 삼계를 모두 보아 그 화현(化現)에 따를 뿐이어서 또한 행한 바도 없고 또한 생하지도 않고 또한 주선(周旋)하지도 않고 또한 멸도하지도 않아 부실부유(不實不有)하고 또한 본무(本無)도 아니고 부지불이(不知不爾)하고 또한 허(虛)도 실(實)도 아니고 또한 삼계 여래의 소행은 삼처(三處)를 보지 않음이 없"[78]다는 것이다.그리하여 여래는 중생의 갖가지 성품과 욕심과 행위와 생각과 분별을 꿰뚫어 보시면서, 그들로 하여금 선근(善根)을 쌓게 하기 위하여 여러 가지 인연법, 비유의 말씀, 설법을 쉬지 않고 있다.

> 여래는 삼계의 모습을 있는 그대로 보아[如實知見] 생사가 있지 않고, 없어짐과 생겨남이 없으며, 또한 세상에 있거나 멸도함도 없으며, 진실도 거짓도 없고, 같지도 않고 다르지도 않음을 알기 때문이니라. 따라서 중생이 삼계에서 삼계만을 보는 것과는 크게 다르느니라. 이와 같

---

77) 한글대장경 『정법화경』 제1권, 동국역경원 1996, 15쪽(大正藏 9, 63上).

78) 한글대장경 『정법화경』 제7권, 15. 「여래현수품」, 동국역경원 1996, 303쪽(大正藏 9, 113下).

> 은 일을 여래는 밝게 보아 조금도 잘못 보는 일이 없느니라. 다만 중생이 갖가지 성품, 갖가지 욕심, 갖가지 행, 갖가지 생각과 분별을 일삼는 까닭에 중생으로 하여금 선근을 쌓게 하기 위해 여러 가지 인연법, 비유의 말씀, 설법을 잠시라도 쉬어본 일이 없느니라.[79)]

이처럼 붓다와 보살들이 한량없이 많음에도 불구하고 부처를 친견하기가 어려운 것은 여래를 연모하고 갈망하게 하여 선근을 심게 하기 위한 방편이다. 부처님의 세계는 광대무변하다. 동쪽으로 만 팔천 불국토가 펼쳐져 있으며, 그 하나의 불국토마다 강변의 수많은 모래알처럼 셀 수 없이 많은 보살들이 굳은 의지로 도를 정진하면서 강의 모래알처럼 무수한 천만억 불국토의 세존을 받들어 그 각각의 존재를 나타내고[化現] 있다.[80)]

그러나 이처럼 무한(無限), 광대(廣大), 무변(無邊)의 불국토는 단 하나의 티끌에 불과할 수도 있으며, 그 모든 불국토들을 티끌로 부수어 각각의 티끌을 사방팔방으로 그 티끌 수만큼을 건너 뛰어 그 티끌 수가 모두 소진될 때까지 하나씩 떨어뜨려서 이루어진 것이다.

> 무수한 오백천억 불세계의 국토에 가득 찬 먼지가 있으니 어느 사부(士夫)가 한 티끌을 취해서 동방으로 헤아리

---

79) 『첨품묘법연화경』, 제5권, 15, 한글대장경 『정법화경』, 동국역경원 1996, 645쪽(大正藏 9, 177上).

80) 한글대장경 『정법화경』 제1권, 1.「광서품」, 동국역경원 1996, 21, 29쪽.

기 어려운 백천억 해 불국토를 지날 때마다 티끌 하나를 떨어뜨려 이렇게 그만큼의 국토를 지날 때마다 또다시 한 티끌을 떨어뜨리고 이와 같은 식으로 해서 무수한 오백천억 불세계의 국토에 있는 모든 티끌을 취해서 티끌 하나 하나를 그 만큼의 불국토에 떨어뜨려 모든 티끌이 다하게 된다면, 족성자여 그대들은 어떻게 생각하는가. 이렇게 지나간 모든 불국토를 계산해서 헤아린다면 알 수 있겠느냐.[81]

이런 수많은 불국토의 사람들이 저마다 액운과 환난을 당하거나 큰 불을 만나거나 큰 물에 휩쓸리고 깊은 바다에 빠지게 될 경우에 광세음(光世音) 보살 혹은 관음(觀音) 보살의 이름을 부르면 그런 고통과 환난으로부터 벗어나게 된다.[82]

그런데 관음보살은 자신에게 구제를 바라는 이런 염원의 소리를 들을 때마다 그를 부르는 존재의 형편에 따라서 갖가지 모습으로 출현하는 방편을 취한다.[83] 어떤 국토의 중생을 제도해야 할 경우에 필요한 자신의 존재 방식을 매우 다양한 방식으로 자유자재로 화현할 수 있는 것이다. 따라서 관음보살은 부처, 벽지불, 성문, 범왕, 자재천, 대장군, 남자, 여자 등의 모습으로 다양하게 출현하는 것이다. 관음신앙의 경우에 도덕성이나 정

---

81) 한글대장경 『정법화경』 제7권, 15. 「여래현수품」, 302쪽(大正藏 9, 113中).

82) 한글대장경 『정법화경』 제10권, 23. 「광세음보문품」, 383쪽(大正藏 9, 128下).

83) 한글대장경 『첨품묘법연화경』 제7권, 24. 「관세음보살보문품」, 710쪽(大正藏 9, 192 上-中).

의보다는 자비의 윤리가 더 강조되고 있는 것을 알 수 있다.

특히 『법화경』(法華經)에서는 수기에 대한 언급이 매우 분명하며, 석가불, 미륵보살, 제화갈라보살은 수기삼존불(授記三尊佛)로서 추앙받고 있다.

4. 칸트와 불교에서 '나라'의 의미

칸트와 불교에서 '나라'의 개념은 도덕법과 불법(佛法)이 지배하는 세계질서이다. 칸트에서 '하느님의 나라'와 불교에서 '부처님의 나라' 모두 역사적인 교회신앙과 도덕적인 이성신앙의 갈등 양상을 보이고 있다. 그것은 세계관적 전제들로부터 비롯된 이론적 인식의 제약과 실천적 수행의 가능성 조건으로서 새롭게 요구되는 이론명제들 사이에서 필연적으로 제기되었다.

칸트는 이성론과 경험론의 화해를 추구하면서 현상과 물자체, 이론이성과 실천이성의 영역과 역할을 구분하였으며, 근본악과 은총, 인간의 자유의지와 하느님의 예정 사이에서 제기되는 아포리아를 최고선과 요청이론으로 해소하고자 하였다. 그는 이론이성으로 접근할 수 없으나 실천적인 요구에 의하여 우리에게 자명하게 드러난 순수이성의 이념들을 요청명제로 받아들임으로써 인식의 한계를 넘어서서 종교의 영역을 정당화하였다.

불교에서는 베단타의 초월형이상학과 범아일체사상, 극단적회의주의와 상대주의, 숙명론적 허무주의를 중심으로 하는 육사외도의 사상들과 비판적인 대결을 거치면서 연기법과 중도 무아설이라는 이론적 틀을 구축하는 한편, 불교수행론에서 필연적으로 요구되는 수행주체와 열반의 형이상학에 대하여 방편과 수기와 서원의 방식을 통하여 적극적으로 기술하고자 하였다. 무기가 형이상학적 실재에 관한 직접적 기술의 기피라고 한다면 방편은 제한된 방식으로나마 깨달음에로 인도하는 직접적 기술이라고 볼 수 있다.

칸트에서의 요청이 규제적 이념의 현실화를 정당화하는 것과는 반대로, 붓다의 방편들은 연기법에 근거한 무기에 의하여 유보되었던 다양한 형태의 불교형이상학적 명제들을 특정한 논리적 절차 없이 복권시키고 있다. 이 경우 붓다의 적극적인 발언들 모두가 방편으로 간주될 수 있으며, 따라서 연기법조차도 하나의 방편적 기술로 귀착될 수 있다.

특히 수기와 서원은 방편보다 더 확실하고 단정적인 방식으로 붓다의 의도와 취지가 발화되는 형식을 취하고 있다. 불교에서의 철학적 진술은 형식적으로는 무기와 방편, 내용적으로는 무아설과 윤회설 사이에서 필연적으로 제기되는 수행적 자체모순의 위기에 직면하게 된 것이다. 따라서 우리는 붓다의 담론형식들에 대한 칸트주의적 반성을 수행할 필요가 요구된 것이다. 붓다의 무아설과 윤회설, 무기와 수기 사이에서 제기되는 아포리아는 칸트에서의 요청적 사유로 새롭게 해석할 수 있다.

칸트에서 '하느님 나라'의 개념은 계시에 의한 역사신앙에 바탕을 둔 기독교의 실재론적 천국사상을 순수한 종교신앙이 추구하는 도덕적인 이성신앙의 유형으로 내면화하는 데 그 특징이 있었다. 그는 도덕법의 실천적인 요구가 구속력을 가질 수 있도록 기독교 전통에서의 천국과 천년왕국을 윤리적 공동체 개념으로 변형하면서, 이를 통하여 도덕적 행위 주체가 심성의 혁명을 통하여 도덕적인 완전성에 도달하기 위한 무한한 접근 노력을 시도할 수 있는 가능한 근거를 모색하였다.

그러나 이와 같은 도덕적 주장은 인간의 무한한 노력에도 불구하고 여전히 죄인의 상태에 있다는 사실로 인하여 막힌 길에 도달하였으며, 그와 같은 한계를 극복하기 위하여 하느님의 은총판단이 요청되었던 것이다.

칸트에서는 도덕적 행위 주체의 실재성이 확실하게 제시되어 있는 반면에 그 도덕적 행위를 정당화할 수 있는 신 존재의 문제는 이론적으로 유보되어 있었다. 신 존재의 요청은 이론적 규제작용은 그대로 유지하면서 실천적인 요구를 충족시키는 기능만을 수행한다.

불교에서 '부처님 나라'의 개념은 무기설과 무아설에 바탕을 둔 초기불교의 소극적, 부정적인 열반사상을 적극적으로 기술하여 불교에서의 실천적 주체 및 불국토의 무한 확장을 역동적으로 도모한다는 데 그 특징이 있다.

불교에서의 실천적 요구가 구속력을 가질 수 있도록 무기설과 무아설 대신에 윤회적 주체는 물론이고 완전한 깨달음에 이미 도달하였거나 추구하고 있는 주체들의 공동체 개념이 적극적으로 기술되고 있다. 붓다의 불국토론은 수행적 주체의 존재는 물론이고 본성적으로 성불할 능력이 있으나 모든 중생들이 성불할 때까지 자신의 성불을 유보하는 대비일천제(大悲一闡提)의 존재와 같은 불국토의 구성적 주체들에 대한 적극적인 기술을 내용으로 하고 있다.

부처님의 나라는 부처님들만의 나라가 아니다. 부처님의 나라는 이미 열반을 얻은 붓다뿐만 아니라 수행 중에 있는 보살들과 중생들, 그리고 대비일천제에 이르기까지 다양한 구성원들이 공존하는 세상이다. 그러나 부처님의 나라는 단지 부처님의 설법을 듣거나 단지 그 이름만 불러도 심성의 변화가 일어나서 큰 깨달음을 집단적으로 얻을 수 있는 세계질서이다. 미륵불이나 아미타불의 세계질서가 대표적인 경우이다.

또한 부처님의 나라는 이 세상과 우주 모두가 한 부처님의 몸에 지나지 않은 그런 범불론(汎佛論 Panbuddhismus)의 세계질서를 뜻하기도 한다. 화엄불교(華嚴佛教)에서 비로자나불의 세계가 바로 그렇다.[1] 열반, 그리고 열반공동체로서의 니르바나적 세계질서와 부처님의 나라는 모든 수행자들이 그 도래와

---

1) 3세기 초 인도의 제바 보살이 외도소승론사(外道小乘論師)들의 20종 열반설을 반박하고 참된 열반의 정의를 시도할 목적으로 저술한 『능가경』(楞伽經, 楞伽阿跋多羅寶經 Lankāvatārasūtra, K-159, T-670)과는 달리 외도 열반론을 비판없이 소개한 『외도소승열반론』(外道小乘涅槃論, K-642, T-1640)에 의하면, 이사론자들은 "무한한 공간에 두루 퍼진 형체가 없는 신"인 '이사나'로부터 유형의 만물이 이루어졌고, 만물은 다시 무형의 이사나로 회귀하므로, 그 영원한 이사나를 열반으로 보았다고 한다(19쪽). 그러나 외도사상을 비판한 불교는 대승적 차원에서 이러한 요소들을 다시 수용하였다. 유현숙, 「제바보살석능가경중외도소승열반경 해제」, 『석마하연론 외』, 동국역경원 1998, 18쪽.

무한 확장을 서원하는 최고선임에 분명하다.

여기에서 우리는 무기설과 무아설에서 부정적으로 기술되었던 도덕적 행위 주체의 실재성이 여러 붓다 존재들과 그 나라들을 통하여 확실하게 인용되고 있는 사실을 확인할 수 있다. 붓다의 무기적 태도에 의하여 유보되었던 기존의 모든 형이상학적 명제들(특히 칸트가 이념으로 제시한 영혼, 세계, 신 존재의 문제들)은 이제 붓다의 방편들, 특히 수기(授記)와 서원(誓願)에 의하여 그 객관적 실재성이 부여되고 있다.

수기는 붓다의 무기적 태도와 상반되는 것으로서 불교의 형이상학적 명제들에 대하여 적극적으로 기술하고 있다. 서원은 그와 같은 수기적 사실들이 현실화 될 수 있는 가능성 조건으로서 기술되고 있다. 이 점에서 서원은 칸트에서 최고선의 실현 가능성 조건으로 요구되는 요청적 사유구조와 일치하고 있으며, 그것이 한 개인의 기복에 관한 것이 아니고 성불과 부처님 나라의 실현 조건을 담보하고 있는 사실에서, 칸트가 말하는 도덕적 신성성의 경지에 도달할 수 있는 가능성 조건으로 해석되어야 하는 것이 분명하다.

그러나 붓다가 여러 곳에서 이러한 명제들이 규제적으로만 이해되어야 한다는 사실을 강조하는 점에서 칸트의 요청명제와 비슷하게 관리되고 있음을 알 수 있다. 칸트와 불교에서의 나라는 도덕적 수행을 전제하는 지복의 세계라는 점에서 상호 소통의 가능성을 보여주고 있는 것이다.

참고문헌

1. 칸트 및 서양철학

Kant Werkausgabe, hrsg. von Wilhelm Weischedel, Suhrkamp, Frankfurt 1983.

Kant, Immanuel: *Die Religion innerhalb der Grenzen der blossen Vernunft.* Hrsg. v. K. Vorländer, Felix Meiner, Hamburg 1919.

Kant, Immanuel: *Die Religion innerhalb der Grenzen der blossen Vernunft*. Riga 1793.

Kant, Immanuel: *Kritik der praktischen Vernunft*. Riga 1788.

Kant, Immanuel: *Kritik der reinen Vernunft.* Riga A: Riga 1781, B: Riga 1787. Hamburg 1962(1904).

Kant, Immanuel: *Religion within the boundaries of mere reason.* Trans. by Allen Wood, in: *Religion and Rational Theology*. Cambridge University Press, 1996.

Kant, Immanuel: *Religion within the limits of reason alone*. Trans. by Theodore M. Greene and Hoyt H. Hudson, Harper & Row, New York 1960.

Cohen, Hermann: *Religion der Vernunft. Aus den Quellen des Judentums*. Darmstadt 1966.

Davidovich, Adina: *Religion as a Province of Meaning: The Kantian*

Foundation of Mordern Theology. Harvard Theological Studies, Fortress Press, Minneapolis 1993.

Despland, Michel: *Kant on History and Religion.* London 1973.

Hick, John: *An Interpretation of Religion*, New Heaven: Yale University Press 1989.

Kim, Jin: *Kant's Postulatenlehre, ihr Rezeption durch Ernst Bloch und ihre mögliche Anwendung zur Interpretation des Buddhismus. Zur Unterscheidung zwischen postulatorischer struktur und Postulats-Inhalten bei der Auflösung der Dialektik des praktischen Vernunftgebrauchs*. Frankfurt, Bern, New York, Paris 1988.

Koppelmann, W.: *Immanuel Kant und die Grundlagen der christlichen Religion*. Gütersloh 1890.

Kügelgen, C.W.: *Immanuel Kants Auffassung von der Bibel und seine Auslegung derselben. Ein Kompendium Kantischer Theologie*. Leipzig 1896.

Mengel, Wilhelm: *Kants Begründung der Religion. Ein kritischer Versuch.* Leipzig 1900.

Michaelson, G.E.: *Fallen freedom, Kant on radical evil and moral regeneration*. Cambrige University Press, New York 1990.

Michaelson, G.E.: *The Historical Dimensions of a Rational Faith: The Role of History in Kant's Religious Thought.* University Press of America, Washingtin 1979.

Otto, Rudolf: *The Idea of Holy*, London 1950.

Picht, Georg: *Kant's Religionsphilosophie*. Klett-cotta, 1985.

Rätze, T.G.: *Betrachtungen über die Kantische Religion innerhalb der Grenzen der bloßen Vernunft.* Chemnitz 1794.

Reardon, Bernard M.G.: *Kant as Philosophical Theologian.* Barnes Noble Books, Totowa, New Jersey 1988.

Ricken, F./ Marty, F.(Hrsg.): *Kant über Religion*. Kohlhammer,

Berlin Köln 1992.

Schaeffler, Richard: *Kant als Philosoph der Hoffnung*, in: *Theologie und Philosophie* 56. 1981.

Schaeffler, Richard: *Was dürfen wir hoffen? - Die katholische Theologie der Hoffnung zwischen Blochs utopischem Denken und der reformatorischen Rechtfertigungslehre.* Darmstadt 1979.

Schulze, Martin: *Kants Religion innerhalb der Grenzen der bloßen Vernunft.* Königsberg 1927.

Schweitzer, Albert: *Die Religionsphilosophie Kant's von der Kritik der reinen Vernunft bis Zur Religion innerhalb der Grenzen der bloßen Vernunft*. Georg Olms Verlag, New York, Hildersheim 1974.

Stace, W.T.: *Mysticism and Philosophy*, Los Angeles: Jeremy P. Tarcher, Inc. 1960.

Storr, D. Gottlob Christian: *Bemerkungen über Kant's philosophische Religionslehre*. Tübingen 1794.

Webb, Clement C.J.: *Kant's Philosophy of Religion*. Oxford 1926.

Wimmer, Reiner: *Kant's kritische Religionsphilosophie*. Walter de Gruyter. Berlin. New York 1990.

Wood, Allen W./ Clark, G. M.: Kant, *Lecture on philosophical Theology*. Cornell University Press, Ithaca 1978.

Wood, Allen W: *Kant's Moral Religion*. Ithaca and London, Cornell Univer- sity Press 1970.

Wood, Allen W: *Kant's Rational Theology.* Ithaca and London, Cornell University Press 1978.

Zeahner, R.C.: *Mysticism Sacred and Profane*, Oxford at the Clarendon Press 1957.

김진: 『칸트: 순수한 이성의 한계 안에서의 종교』, 울산대학교

출판부 1999.
칸트, 『이성의 한계 안에서의 종교』, 신옥희 역, 이화여자대학교출판부 1984.

2. 불교

Asanga, Tilakaratne, *Nirvana and Ineffiability: A Study of the Buddhist Theory of Reality and Language*, Sri Lanka 1993.

Buddhas Reden, Majjhimanikaya. Sammlung der mittleren Texte des buddhistischen Pali-Kanons. Neuübertragung von Kurt Schmidt. Reinbek 1961.

Cheng Kuan, *A Prologue to Hwa Yen, Hwa Yen Su Chao*, Taipei 1966.

Conze, Eduard: *Buddhism, Its Essence and Development*. Oxford 1951; *Der Buddhismus. Wesen und Entwicklung*. Stuttgart 1990.

Conze, E.: *Buddhist Thought in India*. London 1962. Deutsche Fassung: *Eine kurze Geschichte des Buddhismus*. Frankfurt 1984.

Deussen, Paul: *Vedanta und Platonismus im Lichte der Kantischen Philosophie*. 2.Aufl. Berlin 1922.

Deutsch, Eliot, *Advaita Vedanta. A Philosophical Reconstruction*, Honoluku, East West Center Press 1969.

Franke, R.O.: *Kant und die altindische Philosophie*, in: Zur Erinnerung an Immanuel Kant, Abhandlungen, hrsg. v. d. Universität Königsberg, Halle 1904, S. 107-141.

Glasenapp, Helmut von: *Das Indienbild deutscher Denker*. Stuttgart 1960.

Glasenapp, Helmut von: *Kant und die Religionen des Ostens*. Mit 8 Abbildungen nach Kupferstichen aus zeitgenössischen Reisebeschreibungen. Kitzingen-Main 1954(Königsberg 1944).

Halbfass, Wilhelm: *India and Europe. An Essay in Understanding.* New York 1988.

Hauer, J.W.: *Die indo-arische Lehre vom Selbste im Vergleich mit Kants Lehre vom intelligiblen Subjekt*, in: Die kulturelle Bedeutung der Komplexen-Psychologie, hrsg. vom Psychologischen Club. Zürich, Berlin 1935.

Hecker, H.: *Das buddhistische Nirvana.* Hamburg 1971.

Leider, Kurt: *Buddha. Leben, Lehre, Jünggerschar in transzendentalphilosophischer Beleuchtung.* Hamburg 1968.

Leumann, Ernst: *Maitreya-samiti, das Zukunftsideal der Buddhisten. Die nordarische Schilderung in Text und Übersetzung nebst sieben anderen Schilderung in Text oder Übersetzung.* Straßburg 1919.

Zotz, Volker: *Geschichte der buddhistischen Philosophie*. Hamburg 1996.

강건기, 김호성 편, 『깨달음, 돈오점수인가 돈오돈수인가』, 민족사 1992.

고익진, 『불교의 체계적 이해』, 새터 1994.

고익진, 『한국의 불교사상』, 동국대학교출판부 1987.

김원명, 『원효의 열반론』, 한국학술정보 2008.

김종욱 편, 『불교사상과 서양철학』, 민족사 1990.

김종욱 편: 『서양철학과 선』, 민족사 1993.

김진, 『무아윤회논쟁』, 울산대학교출판부 2004.

김진, 『새로운 불교해석. 칸트의 시각에서 본 불교철학의 문제들』, 철학과현실사 1996.

김진, 『칸트와 불교』, 철학과현실사 2004.

김호성, 『천수경과 관음신앙』, 동국대학교출판부 2006.

김호성, 『천수경의 비밀』, 민족사 2005.

무르띠, 『불교의 중심철학』, 김성철 역, 경서원 1995.

아상가, 『열반 그리고 표현불가능성: 초기불교의 언어·종교철학』, 도서출판 씨아이알 2006.
元曉, 『涅槃宗要』, 韓國佛敎全書 제1권.
윤호진, 『無我・輪廻問題의 研究』, 민족사 1992.
이효걸 외, 『논쟁으로 보는 불교철학』, 예문서원 1998.
정승석, 『윤회의 자아와 무아』, 장경각 1999.
최봉수, 『원시불교와 형이상학』, 경서원 1991.
츠앙, 까르마, 『화엄철학』, 이찬수 역, 경서원 1997.
칼루파하나, 『불교철학』, 최유진 역, 천지 1992.
칼루파하나: 『불교철학사』, 시공사 1996.
콘제, 『인도불교사상사』, 안성두 외 역, 민족사 1988.
콘즈 외, 『불교사상과 서양철학』, 김종욱 편역, 민족사 1990.
平川彰 외, 『대승불교개설』, 김영사 1984.
平川彰, 『인도불교의 역사』, 이호근 역, 민족사 1989.
한글대장경 『대반열반경』, 동국역경원 2002.
한글대장경 『아촉불국경』, 동국역경원 1998.
한글대장경 『잡아함경』, 동국역경원 1986.
한글대장경 『장아함경』, 동국역경원 1985.
한글대장경 『정법화경』, 동국역경원 1996.
한글대장경 『화엄경』 80권본, 동국역경원 1989.
한자경, 『불교의 무아론』, 이화여자대학교출판부 2006.
『미륵6부경』, 정의행 역주, 이바지 1998.
『한국의 불교사상』, 삼성출판사 1981.

찾아보기

24서원 / 64
거룩한 비밀 / 22
계시신앙 / 21, 28, 29
고익진 / 13, 63, 64, 67
관음보살 / 64, 69, 85, 86, 89
교회신앙 / 20, 25, 26, 28, 29, 30, 91
구마라집 / 70, 77, 86
구사론 / 67
구지(koti) / 83
기세인본경 / 67
김원명 / 40, 41, 59
김진 / 53, 60, 66
김호성 / 64
능가경 / 94
니르바나(Nirvana) / 6, 7, 38, 61, 64, 66, 67, 69, 81, 94
단멸론 / 38
대반열반경 / 39, 40, 41, 54, 58, 59
대비일천제 / 94
대속 / 18, 22, 23, 24, 26, 27
도덕법 / 18, 24, 91, 93
도덕신앙 / 23, 26, 27, 29, 76
도솔천 / 62, 71, 76, 77, 78, 79, 81
도이취(E. Deutsch) / 35
동방 불국토 / 75
동방 정토 / 75
로마서 / 26
마음의 통찰자 / 19
만인구원설 / 50, 52
묘법연화경 / 86
무기 / 6, 7, 12~15, 39, 44, 45, 47, 52, 53, 55, 58~65, 78, 85, 92, 93, 95
무량수경 / 70
무아설 / 14, 15, 44, 49, 52, 53, 55, 58~61, 65, 69, 92, 93, 95
무여의열반 / 38, 39
물자체 / 11, 71
미륵대성불경 / 77, 78
미륵상생경 / 77, 78

박인성 / 5
반열반 / 46, 54, 55
밧차고타(Vacchagotta) / 37
방편 / 7, 12~15, 42~44, 48, 52, 59~62, 65, 70, 87~89, 92, 95
배의용 / 5
백화도량 발원문 / 64
범동경 / 54
범불론 / 81, 94
범신론 / 81
법상종 / 39
법신 / 40~42, 45, 47, 54, 69, 81, 85
법장 / 70, 75, 76, 82
베단타 / 35, 57~59, 91
보살 / 42, 50, 51, 58, 62~69, 74, 86, 88, 89, 94
부처님의 나라 / 6, 7, 11, 12, 17, 33, 52, 58, 64~67, 69, 75, 79, 91, 94
불가시적 교회 / 12, 18, 28
불성론 / 47
불신상주설 / 44, 47
붓다 / 6, 7, 12~14, 37, 39, 41, 42, 46, 48, 52~65, 69, 78, 88, 92~95
브라만 / 34, 35, 38, 58
비로자나불 / 81, 82, 84, 85, 94
빈바라(binbara) / 83
사홍서원 / 63
삼법인 / 44
상락아정설 / 40, 44
상주론 / 38, 56
서방정토 / 69, 70, 75, 76
서원 / 7, 12, 14, 15, 33, 48, 52, 61, 62~65, 70, 73, 75, 76, 83, 92, 95
석가불 / 63, 90
선의지 / 15
선택 / 18, 22, 23
세기경 / 67
세자재왕불 / 70
소명 / 18, 22, 23
수기 / 7, 12, 14, 15, 33, 52, 61~63, 65, 66, 77, 92, 95
수기삼존불 / 53, 90
스테이스(W.T. Stace) / 34, 36
스피노자 / 85
시방편만불 / 84
신규탁 / 5
신화엄경론 / 82
실차난타 / 82
아라한 / 36, 37, 56, 66, 74, 80
아미타경 / 70, 74
아미타불 / 58, 64, 69~71, 73~76, 94
아상가(T. Asanga) / 33~38, 56
아유타(ayuta) / 83
아촉불 / 58, 69, 75
아촉불국경 / 63, 64, 71, 73~75, 79~81
아트만 / 35
약사여래 / 70

여래장 / 15, 47, 48
열반 / 7, 13, 33~42, 44~47, 53~61, 65, 76, 81, 86, 81, 86, 92, 94
열반공동체 / 67, 69, 77, 81, 85, 94
오토(R. Otto) / 34, 36
외도경 / 53
요청 / 11, 14, 15, 17, 18, 61, 63, 65, 66, 91, 92, 93, 95
용화세계 / 69, 76~81
원효 / 32, 58, 59, 70
유여의열반 / 38, 39
유행경 / 39
윤리적 공동체 / 18, 19, 20, 27, 29
윤호진 / 60
윤회설 / 14, 15, 52, 58, 60, 61, 92
이사나 / 94
이성신앙 / 21, 24, 26, 28, 30, 91, 93
이율배반 / 21, 25, 26, 41, 52, 65
이통현 / 82
일천제성불설 / 50
일체중생실유불성설 / 47
자야틸레케 / 36, 37, 38
잡아함경 / 13, 40, 53
장아함경 / 53~57, 67
점진적 개혁 / 29
정법화경 / 85~89
정승석 / 5, 60
제화갈라보살 / 63, 70
종교신앙 / 19, 20, 26~29, 93
중아함경 / 13
지너(R.C. Zeahner) / 34, 36
지루가참 / 74
진아 / 12, 13, 41, 43, 49, 52
천수경 / 64
천태종 / 39, 81
최고선 / 11, 14, 15, 17~19, 21, 23, 27, 31, 33, 40, 60, 65, 91, 95
최봉수 / 40, 44
최인숙 / 6
축법호 / 77, 78, 86
츠앙 / 83, 84, 85
측천무후 / 82
칸트 / 11~31, 42, 43, 53, 59, 61, 65, 66, 76, 91~93, 95
포스트모더니즘 / 61
하느님의 나라 / 6, 11, 12, 15, 17, 18, 24, 27, 28, 30, 31, 69, 91
하느님의 은총판단 / 6, 12, 18, 31, 93
한자경 / 5, 61
해탈 / 15, 33~37, 43, 53~55, 60, 66, 73, 80
화엄경 / 82, 83, 84
화엄경탐현기 / 82
화엄성기 / 81
힉(J. Hick) / 34, 36

김 진(金珍)

울산대학교 철학과 교수. 독일 루어대학(보쿰) 철학박사
jinkim@mail.ulsan.ac.kr

독일 루어-대학(보쿰)에서 철학, 기독교 윤리학, 한국학을 연구하였으며, 리챠드 쉐플러(Richard Schaeffler) 교수의 지도 아래 철학박사 학위를 취득하였다. 1989년 이후 울산대학교 철학과 교수로 재직하고 있다.

저서로는 *Kants Postulatenlehre* (Peterlang, Frankfurt 1988), 『칼 마르크스와 희랍철학』(1990, 1998), 『철학의 현실문제들』(1994), 『아펠과 철학의 변형』(1998), 『칸트·순수한 이성의 한계 안에서의 종교』, 『선험철학과 요청주의』(1999), 『살고있는 순간의 어두움』(1999, 2001), 『칸트와 불교』(2000, 2004), 『칸트와 생태사상』, 『퓌지스와 존재사유』(2003), *Wahrheit und Erfahrung* (Würzburg 2004), 『무아윤회 논쟁』, 『라이프니츠, 헤겔, 쇼펜하우어와 불교』, 『니체와 불교적 사유』, 『하이데거와 불교』, 『화이트헤드와 화엄형이상학』(2004), 『동성애의 배려윤리적 고찰』, 『칸트와 세계관의 철학』, 『하느님의 길』, 『최고선과 요청주의』 (2005), 『믿음 사랑 희망에 대하여』, 『에른스트 블로흐와 희망의 원리』(2006), 『사회정의와 문화정체성에 대하여』, 『울산의 정치·문화에 대하여』, 『줄기세포 조작에 대하여』, 『한국 정치현실의 철학적 성찰』, 『페미니즘 윤리학』, 『처용설화의 해석학』(2007), 『종교란 무엇인가』, 『처용논쟁』(2008) 외 다수가 있다.

역서로는 토마스 아퀴나스의 『존재자와 본질에 대하여』(서광사 1995)와 리챠드 쉐플러의 『역사철학』(철학과현실사 1997) 등이 있으며, 그밖에 『한의 학제적 연구』, 『공학윤리』, *Wahrheit und Erfahrung* 등 다수의 공저와 논문들이 있다.

주요 연구 분야는 칸트 및 현대 독일철학이고, 종교철학, 형이상학, 역사철학, 환경철학의 주제들에 관심을 가져왔으며, 최근에는 문화철학과 심리사상 분야에도 관심을 갖기 시작하였다.